W0382605

Rainer Wälde

Meine Reise zum Leben

Auf den Spuren der irischen Mönche

Mit sieben Betrachtungen
von Pater Anselm Grün
und Fotos von
Andreas Lehmann

adeo

Möge die Straße sich erheben, um dir zu begegnen,
Möge der Wind dir den Rücken stärken,
Möge die Sonne dein Gesicht warm bescheinen,
Möge der Regen sanft auf deine Felder fallen,
Bis wir uns wiedersehen,
Möge Gott dich in seiner Hand halten.

Nach einem altirischen Reisesegen

Inhalt

Anselm Grün

Ein Wort zuvor

Es gibt Momente im Leben, die vergisst man nie: schöne Momente – aber leider auch Szenen, die man am liebsten aus seinem Gedächtnis tilgen würde. Manchmal verfolgen einen die dazugehörigen Bilder ein Leben lang. Aber: Es gibt einen Weg, diesen Bildern ihren Schrecken zu nehmen: indem man sie sich ganz genau anschaut. Denn das, was schmerzt, das, was wir am liebsten weit wegschieben, hat eine Botschaft für uns, an der wir letztendlich wachsen und reifen. Deshalb ist es gut, immer wieder innezuhalten in seinem durchorganisierten Alltag und genau hinzuschauen und hinzuhören.

Vor zwei Jahren brach ich auf zu einer langen Reise – an ihrem Beginn stand so ein schrecklicher Moment, wie ich ihn gerade beschrieben habe. Diese Reise führte mich an längst vergessene Orte, Orte voller Kraft und Segen, und sie führte mich zu den Wurzeln meines Glaubens. Von den irischen Mönchen lernte ich, worauf es ankommt im Leben: immer wieder stehen zu bleiben und seine Lage zu erkennen, zu neuen Ufern aufzubrechen, Ungewohntes zu entdecken, Spuren zu folgen, Altes loszulassen, dankbar zu sein und diese Dankbarkeit auch zu feiern. Und weil ich all dies erleben und lernen durfte, ist aus einer ganz normalen Reise meine Reise zum Leben geworden.

Dieses Buch zeichnet den Weg dieser Reise nach. Aber es ist mehr als ein Reisebericht. Es ist meine Geschichte – die Geschichte vieler Neuanfänge.

Bleib stehen!

Kapitel 1

Brennpunkte des Lebens – das sind Augenblicke voller Freude oder voller Schmerz, die uns in der Erinnerung jahrelang begleiten, manchmal ein ganzes Leben lang. Das Einerlei des Alltags verblasst, aber diese besonderen Momente sind immer da. Für mich gibt es im Dezember 2006 einen solchen Brennpunkt. Nie werde ich ihn vergessen: Nach dem arbeitsreichsten und besucherstärksten Jahr unseres Unternehmens – knapp 1.000 Seminarteilnehmer waren in unserer Akademie ein- und ausgegangen, hatten persönliche Aufmerksamkeit erwartet und von uns bekommen – sitze ich in unseren Büroräumen auf gepackten Kisten. Darin ist alles, was meine Frau Ilona und ich für unsere Arbeit gebraucht hatten: Akten, Dokumente, Büromaterial, Prospekte, Fachliteratur, Telefone, Faxgerät. Die Möbel, die wir jahrelang benutzt hatten, stehen zum Abtransport bereit, auch die Bilder hatten wir schon von den Wänden genommen. Der so vertraute Raum wirkt auf mich kahl, fremd und abweisend. Ich kann es nicht fassen: Dies ist der Moment, auf den ich mich sechs Jahre lang gefreut hatte – und ich fühle mich wie ein leeres Teelicht. Ausgebrannt. Am Ende. Wie konnte es dazu kommen?

Sechs Jahre zuvor, kurz nach unserer Hochzeit, waren Ilona und ich in ein einsames Bergdorf im Tessin gereist. Nach der Zeit des Feierns und Genießens wollten wir ganz bewusst innehalten und den Übergang in unseren neuen Lebensabschnitt, den Beginn unserer Ehe, nutzen, um einen Lebensplan zu machen und uns Ziele zu stecken. Einfach in unseren Alltag als Ehepaar und Unternehmer hineinzustolpern – das war nichts für uns. Diesen privaten und beruflichen Alltag ganz bewusst aufbauen und angehen – das war unser Ziel. Wir verbrachten eine wertvolle Woche dort oben in den Bergen, fernab von all dem, was unsere Tage meistens bestimmte: Termine, Telefonate, E-Mails, Meetings. Wir machten Spaziergänge, bewunderten das Alpen-Panorama, ließen uns das Essen in der Berghütte schmecken und genossen die Stille um uns. Und wir redeten. Stundenlang. Erlebten, wie es ist, wenn man viel Zeit mit einem Menschen hat und mit ihm spricht: Dann kann es zwischendrin auch mal eine lange Pause geben – und irgendwann, vielleicht eine Stunde oder drei Stunden oder auch einen Tag später, nimmt einer den Faden wieder auf, und das Gespräch geht da weiter, wo man aufgehört hat. So war das mit Ilona und mir in jener Woche.

Als wir wieder nach Hause fuhren, hatten wir uns miteinander über unsere Zukunftswünsche ausgetauscht, über unsere Sehnsucht, über unsere Träume. Wir beide wussten, was sich der andere von unserem Zusammenleben erhoffte. Außerdem hatten wir einen 7-Jahres-Plan entwickelt, in dem wir unsere Ziele für die unterschiedlichen Lebensbereiche schriftlich festgehalten hatten. Und wir wussten noch etwas ganz konkret: Wir wollten sechs Jahre lang unsere neu gegründete Akademie aufbauen. Nach diesen sechs Jahren Arbeit wollten wir dann eine lange Pause machen und ein Sabbatjahr nehmen – innehalten und stehen bleiben. Denn unser beider großer Traum war: nicht erst mit Beginn der Rente das zu tun, was wir immer tun wollten, sondern schon vorher. Einfach den

Alltag unterbrechen, die Tretmühle anhalten, in der wir viel zu oft eingespannt waren. Unser Sabbatjahr sollte ein Jahr des Reisens und des Auftankens werden. Wir planten eine Weltreise per Schiff und einen Aufenthalt in zwei Klöstern in Großbritannien, wo wir der Spiritualität der iro-schottischen Mönche nachspüren wollten.

Doppelter Impuls

Zurück im Alltag waren wir natürlich von der Begeisterung über unseren Plan erfüllt und sprachen auch im Laufe der folgenden Jahre immer wieder mit Freunden, Bekannten und Geschäftspartnern darüber. Viele bewunderten uns. „Das würde ich nie wagen ...“ – solche Bemerkungen hörten wir oft. Aber mindestens genauso viele reagierten mit Unverständnis. „Wieso wollt ihr eine so lange Pause machen? Habt ihr keine Angst, alle eure Kunden zu verlieren? Warum wollt ihr alles aufs Spiel setzen, was ihr erreicht habt?“ Einer unterstützte unsere Pläne allerdings uneingeschränkt: unser Unternehmensberater. Er war es auch, der uns erzählte, dass es sogar Unternehmen gibt, die ihren Führungskräften solche Auszeiten regelrecht verordnen.

Dass das Sabbatjahr aber keine moderne Erfindung ist, sondern eine ganz alte, das wussten wir schon. Daher hatten wir ja auch unsere Inspiration – aus dem Alten Testament, der jüdischen Geschichte, die das Fundament unseres christlichen Glaubens ist. In jedem siebten Jahr lagen im alten Israel die Äcker brach, um sich zu regenerieren und zu neuer Fruchtbarkeit zu gelangen. Spannend fanden wir, dass sich der Pachtbeitrag eines Ackers danach bemaß, wie viele Jahre das siebte Jahr noch entfernt war. Der Pachtbeitrag sank nämlich, je näher das Sabbatjahr rückte und je ausgelaugter der Boden war. Im mosaischen Gesetz steht, wie Gott den Israeliten versprach, dass sie – wenn sie die 7-Jahres-Regel einhielten – im sechsten Jahr eine reiche Ernte bekommen sollten, die weit bis über das siebte Jahr hinaus reichte. Sehr befreiend und erleichternd war für mich die Erkenntnis, dass diese Regel keine religiöse Empfehlung ist – das dachte ich nämlich in jungen Jahren. Aber irgendwann begriff ich: Die 7-Jahres-Regel empfiehlt der Schöpfer, damit seine Schöpfung gesund bleibt! Denn nur das ist sinnvoll, das hat Substanz! Und genau so betrachte ich besonders nach meinen Erlebnissen während unseres Sabbatjahres auch die Bibel. Sie ist kein religiöses Buch. Sie ist eine Anleitung für ein gesundes, erfülltes Leben.

Das alte biblische Prinzip der 7-Jahres-Regel hat bei uns übrigens tatsächlich funktioniert! Im sechsten Jahr hatten wir in unserer Akademie so viele Seminarteilnehmer wie nie zuvor, sodass wir von diesen Einnahmen im siebten Jahr leben konnten. Wir sorgten auch dafür, dass unsere Mitarbeiter – freiberufliche Trainer – in diesem Jahr mehr Aufträge als sonst von uns bekamen. Wir fühlten uns für sie verantwortlich und wollten sie an unserem Erfolg partizipieren lassen. Und deshalb kümmerten wir uns auch darum, dass sie in der Zeit unseres Sabbatjahres nicht ohne Einkünfte dastanden; einigen konnten wir an anderen Instituten Aufträge verschaffen.

Unser Plan stand also fest und wir hatten uns gut vorbereitet auf unser „Jahr" Auszeit – eigentlich waren es nur neun Monate. Wir wussten, wohin die Reise gehen sollte, unser Auskommen war gesichert, die Büroräume gekündigt, die Mitarbeiter versorgt, alles in trockenen Tüchern – und ich saß auf den Umzugskisten und bekam fast keine Luft mehr.

Nicht nur ich, sondern auch viele andere Menschen haben die Erfahrung gemacht, dass krisenhaften Momenten auch immer etwas Gutes innewohnt. Krisen weisen letztlich den Weg in die richtige Richtung. Und so stahl sich nach einigen schrecklichen Minuten dort, auf den gepackten Umzugskisten in unserem Büro, ein lichter Gedanke in meine Seele. Ich erkannte: Dieser schreckliche Moment, diese Krise – sie kommt genau zur richtigen Zeit. Denn ich war tatsächlich am Ende. Ich konnte eigentlich keine Menschen mehr sehen. Ich hatte nicht mehr die Energie, die Spannkraft, wertschätzend mit ihnen umzugehen – und das war nun mal die Voraussetzung für meinen Beruf als Seminarleiter. Wenn man etwas mit ganzem Herzen und allen Sinnen macht, so wie Ilona und ich das jeden Tag taten, dann investiert man sehr viel Energie. Das kostet ungeheure Kraft. Irgendwann, wenn man nicht anhält, nicht stehen bleibt, nicht Luft holt, kann man sich selbst nicht mehr gerecht werden – seinen Ansprüchen an sich selbst nicht und anderen Menschen erst recht nicht. Das Sabbatjahr hatte ich also bitter nötig. Ich hätte keinen Tag länger so weitermachen können. Wenn ich es getan hätte, wäre der Impuls von anderer Seite gekommen, dann hätte vermutlich mein Körper gestreikt, und zwar eher früher als später. Dann hätte es für mich keine eingeplante und gut vorbereitete Auszeit gegeben, sondern eine Zwangspause.

Irgendwann, als ich meinen Platz auf den Umzugskisten endlich verlassen konnte, mich in der Lage fühlte, aufzustehen und die letzten notwendigen Aufgaben anzupacken, machte sich ein Gefühl der Dankbarkeit in mir breit. Ich wusste wieder, wo mein Weg war. Es war ja alles noch einmal gut gegangen. Ich war weder zusammengebrochen, noch mit einem Herzinfarkt auf der Intensivstation gelandet und auch nicht mit einem Burn-out-Syndrom für drei Monate in eine Klinik eingeliefert worden. Ich hatte es in der Vergangenheit geschafft, gut für mich zu sorgen und würde das auch in Zukunft schaffen – immer im Dialog mit Gott, aus der Quelle meines Glaubens schöpfend. Nun war ich bereit, aufzubrechen. Den Impuls für unsere Reise bekam ich also zweimal. Einmal zu dem Zeitpunkt, als wir in dem kleinen Bergdorf im Tessin den Plan geschmiedet hatten. Und das zweite Mal, als ich auf den bereits gepackten Kisten saß und wusste – wenn ich jetzt nicht gehe, dann breche ich zusammen.

Planung im Dreiklang

Im Laufe meines Lebens habe ich – mitunter schmerzhaft – gelernt, wie klug es ist, immer wieder solche Phasen des Innehaltens einzuplanen. Sie sich ganz bewusst vorzunehmen. Und das müssen nicht neun Monate am Stück sein, ganz und gar nicht. Ilona und ich gönnen uns beispielsweise dreimal im Jahr jeweils drei Tage Auszeit. Jeder für sich. Diese Tage nutzen wir, uns irgendwohin zurückzuziehen an einen Ort, der uns dafür passend erscheint. Ilona geht dazu gerne in ein Kloster, ich bevorzuge eher ein Wellness-Hotel. Dort reise ich dann meistens an einem Sonntag an, denn dann sind die Wochenendgäste schon weg, und ich habe dort meine Ruhe. Ich genieße es, zu schwimmen, mich massieren zu lassen, abzuschalten, mir Zeit für meine Gedanken nehmen zu können. Ich habe kein Handy dabei, keinen Computer, bin also weder per Telefon noch per Mail erreichbar.

Und dann, wenn ich das Gefühl habe, dass ich wirklich ruhig geworden bin und den Alltagsstress hinter mir gelassen habe, mache ich eine „Positionsbestimmung". Ich überlege mir als erstes, was in den letzten Monaten gut gelaufen ist. Worauf ich stolz bin. Und wofür ich dankbar bin. Dann führe ich mir meine Ziele noch einmal vor Augen, die ich mir für das Jahr gesteckt hatte. Überlege, was ich davon schon umgesetzt und was ich aus den Augen verloren habe – vielleicht weil mich der Alltag zu sehr gefangen genommen hat. Ich prüfe, wo eine Kurskorrektur nötig ist und wie ich diese Korrektur in die Tat umsetzen will. Diese kleinen Auszeiten tragen mich auch über die größten Belastungsphasen hinweg. Sie geben mir immer wieder Kraft zum Weitermachen.

Bei diesen Auszeiten und auch sonst, wenn ich das Bedürfnis habe, innerlich zur Ruhe kommen zu wollen, hilft mir ein kleines Buch. Es heißt „Wie ich einen Tag in der Stille verbringe". Darin gibt es eine Anleitung, wie man im Inneren ruhig werden kann.

Es beginnt damit, sich ganz bewusst und konzentriert Dinge anzuschauen. Aber auch ein Dankgebet gehört dazu – Dank zu formulieren für die Dinge, die bislang gut gelaufen sind. Auch ein Rückblick ist wichtig. Er ruft oft Dinge ins Bewusstsein, die keinen so guten Verlauf genommen haben. Im Gebet gebe ich diese Dinge, die mich belasten, dann ganz bewusst ab, ich lasse sie los. Eine der Übungen, die in diesem Buch beschrieben sind, heißt „Gebetsspaziergang". Ich gehe dann nach draußen in die Natur, mache einen Spaziergang und rede dabei mit Gott. Es ist ein ganz normaler Dialog, ich rede mit Gott so, als würde ich mit einem guten Freund sprechen. Und nicht zuletzt helfen mir auch die Psalmen aus dem Alten Testament abzuschalten, mich innerlich zu beruhigen. Ich lese diese kraftvollen, starken Texte, und sie unterstützen mich auf meinem Weg in die Stille. Besonders der 145. Psalm Davids hilft mir, Gott als Bezugspunkt meines Lebens immer wieder neu zu entdecken.

Über diese kurzen Auszeiten hinaus, die wir beide getrennt voneinander verbringen, nehmen Ilona und ich uns mindestens einmal im Jahr gemeinsam ein paar Tage frei, um unseren Jahresplan zu erstellen. Diese Tage sind nicht unser Urlaub, sondern wirklich nur Planungstage. Weil wir für die Akademie schon lange im Voraus die Seminartermine festlegen müssen, machen wir das auch mit unseren privaten Plänen. Denn wenn wir nicht schon bei der beruflichen Planung rechtzeitig für Freiräume sorgen, in denen wir Urlaub machen oder Familie und Freunde sehen, kämen wir vermutlich nie dazu! Und so überlegen wir uns: Wann fahren wir in den Urlaub und wohin? Was wollen wir mit unseren Familien machen, welche Anlässe gibt es, mal wieder ein schönes Familienfest zu feiern? Welche Freunde sind uns wichtig, wann treffen wir uns mit denen, die weiter weg leben und die wir nicht spontan auf ein Glas Wein treffen können? Wann machen wir unser geliebtes Wanderwochenende, wann unsere alljährliche Städtereise? Und auch unser Berufsleben planen wir in dieser Zeit: Nicht nur die Termine – wir besprechen auch, welche neuen Projekte wir entwickeln wollen oder was wir für unsere eigene Weiterbildung tun werden. All diese Vorhaben halten wir schriftlich fest und machen sofort die entsprechenden Termine aus. Und ein- oder zweimal im Jahr gleichen wir diese Pläne mit dem ab, was wir tatsächlich bereits umgesetzt haben.

Wir haben also mit der Planung unserer großen und kleinen Auszeiten zu einem Dreiklang gefunden: Jeder von uns bleibt dreimal im Jahr für sich stehen, in der ganz eigenen Auszeit. Ein- oder zweimal im Jahr tun wir das gemeinsam, um einen Plan für das kommende Jahr zu machen oder zu überprüfen, was aus den Plänen geworden ist. Und in jedem siebten Jahr soll es eine große Auszeit geben.

Übrigens: Auch für diesen großen Rhythmus, diesen 7-Jahres-Takt, haben wir Pläne. Oder sagen wir besser: Es gibt Themen oder Bereiche, denen wir uns in den jeweils sieben Jahren widmen wollen. Als wir geheiratet haben, waren wir beide Anfang 40, jetzt sind wir Ende 40. Wir wissen: Bis wir Mitte 50 sind, wollen wir unsere berufliche Entwicklung, den Aufbau unserer Akademie abgeschlossen haben. Danach wollen wir für zweimal sieben Jahre das weitergeben, was wir an Erfahrungswissen gesammelt haben. Wir wollen dann junge Menschen coachen und fördern und auch eine Nachfolge für uns aufbauen.

Unsere Kraft muss weit reichen

Dass ich meine Auszeiten so ganz bewusst plane, dass ich immer wieder stehen bleibe und meine Position im Leben, im Jahreslauf bestimme – das mache ich erst seit einigen Jahren so. Eine tiefe Krise hat mich auf diesen Weg geführt: der Tod meiner ersten Frau Bettina. Als sie an Krebs starb, war sie erst 37 Jahre alt. Die emotionale Wucht dieses Ereignisses war ein Wendepunkt in meinem Leben. Mir wurde klar: Keiner von uns weiß, wie viel Zeit er hat.

Wie viel Lebenszeit ihm zur Verfügung steht, oder um es bildlich auszudrücken: wie viel Sand sich noch in der Sanduhr seines Lebens befindet.

Früher ging ich immer davon aus: Ich habe zwar ganz viele unerfüllte Wünsche und Träume, aber ich bin noch jung, deshalb kann ich das alles irgendwann noch machen, kein Problem. Heute weiß ich: Es kann von einem Tag auf den anderen vorbei sein. Einfach so. Deshalb begann ich damals, nachdem ich meine Trauer überwunden hatte, mir zu überlegen: Was sind denn eigentlich meine Wünsche, meine Sehnsüchte, meine Träume? Was will ich machen, was will ich sehen, was will ich erreichen in diesem Leben? Und anschließend habe ich diese Wünsche und Träume ganz bewusst, geplant und gezielt, einen nach dem anderen, in die Tat umgesetzt. Und dies tue ich immer noch.

Es geht mir dabei aber nicht nur um Wunscherfüllung. Meine Auszeiten sind mir auch deshalb wichtig, weil ich mit meinen Kräften und meinem Energiehaushalt klug und vorausschauend umgehen will. Denn eines ist klar: Ich bin selbstständiger Unternehmer und habe vor zu arbeiten, bis ich 70 bin. Das eherne Prinzip der Generation meiner Eltern: „Das wahre Leben beginnt erst nach der Pensionierung!", gilt für mich nicht mehr. Sicher: Meine Eltern konnten sich, wie viele andere Menschen aus ihrer Generation auch, ihre Berufe nicht unbedingt aussuchen. Man machte das, was der Vater schon gemacht hatte, oder nahm eben die Arbeit an, die gerade da war. Deswegen waren viele Menschen einfach um jeden Tag froh, den sie früher in Rente gehen konnten. Dass man seinen Beruf nach persönlicher Neigung aussucht, Zugang zu besserer Bildung hat und sich auch nach einer Ausbildung noch beruflich weiterentwickelt und umorientiert, ist ein Privileg, das noch nicht sehr lange existiert. Wer Arbeit als sinnstiftend erlebt und sie nicht nur als Broterwerb betrachtet und deshalb auch länger arbeiten möchte, so wie das meine Frau und ich tun, braucht dafür einen längeren Spannungsbogen. Unsere Kraft muss weit reichen. Deshalb benötigen wir immer wieder intensive Regenerationsphasen.

Ich bin überzeugt davon: Wenn ich während meines Berufslebens nicht hin und wieder ganz bewusst und geplant innehielte, dann würde mein Körper das einfordern. Geschichten von Menschen mit Schlaflosigkeit, Depressionen, Burn-out oder Herzinfarkt kenne ich einige. Irgendwann habe ich für mich beschlossen, dass ich genau zwei Möglichkeiten habe: Entweder ich bestimme selbst über meine Auszeiten oder mein Körper übernimmt das für mich. Die erste Variante halte ich für deutlich gesünder – und auch für verantwortungsbewusster.

Sich die eigenen Träume bewusst machen

Der Alltag ist oft so voll und laut, dass es schwerfällt, die leisen Töne, die kleinen Fingerzeige wahrzunehmen. Es braucht eine klare Entscheidung und den Willen, wirklich hinzuhören, damit ich die einmal gefassten Pläne auch umsetze. Es gibt immer viele gute Gründe, überhaupt nicht stehen zu bleiben. Eines aber habe ich gelernt: Wenn man sich nicht die eigenen Träume bewusst macht, wenn man nicht dann und wann das Hamsterrad einfach stoppt, dann fühlt man sich früher oder später innerlich leer. Dann fehlen Lebensenergie und Vitalität. Außerdem bin ich zutiefst davon überzeugt, dass es in uns hineingelegt wird, dass wir unsere Träume leben – von unserem Schöpfer. Wir sind kreative Wesen, weshalb wir angesichts unserer Träume auch nicht resignieren müssen. Bedenken wie: „Das geht doch nicht! Ich kann doch nicht einfach auf einem Segelboot anheuern und in die Karibik fahren! Wer kümmert sich denn dann um meine Kinder, und wer zahlt die Raten für das Haus?“, können wir getrost missachten. Stattdessen können wir überlegen, wie wir unsere Träume wahr werden lassen. Ich kenne

Paare, die es selbst mit vier oder sechs Kindern schaffen, sich ihre Auszeiten und kleinen Fluchten zu organisieren und sich für sich und ihre Beziehung Zeit zu nehmen.

Noch etwas ist wichtig: Das Gespräch mit dem eigenen Partner über unsere Träume! Meine Frau und ich haben in diesen Gesprächen erlebt, dass wir unterschiedliche Vorstellungen haben. Ilona hegt ganz andere Träume als ich. Ich liebe das Meer und liebe es noch mehr, mit dem Schiff zu reisen. Ilona hat lieber festen Boden unter den Füßen. Wie das unter einen Hut zu bringen ist? Wir suchen immer wieder Schnittmengen und finden Kompromisse. Wir reisen mit dem Schiff, bleiben aber auch an Land. Oder wir machen einfach das, wonach uns der Sinn steht: alleine, ohne den anderen. In unserem Sabbatjahr lösten wir diese unterschiedlichen Wunschvorstellungen beispielsweise so, dass ich unsere große Schiffsreise einmal um die Welt zunächst alleine antrat und Ilona nach ungefähr der Hälfte der Strecke dazukam. Anschließend reisten wir gemeinsam auf den Spuren der iro-schottischen Mönche. Ilona geht jedes Jahr einmal alleine mit ihren Freunden zum Wandern, während ich lese und schreibe. Meine Amazonas-Reise habe ich mit einem Freund gemacht. Ilona zieht sich immer wieder für einige Zeit alleine in ein Kloster zurück. Wir verkrampfen da nicht. Wir lassen dem anderen seine Freiheit. Das ist jedes Mal aufs Neue eine sehr schöne Erfahrung, die uns beide glücklich macht.

Ich denke außerdem: Wer in Absprache mit seinem Partner immer wieder seine ganz eigene Nische aufsucht, seine Kreativitätsinseln entdeckt, aus der Zweisamkeit ausbricht, um sich ganz allein um sich selbst zu kümmern – der muss sich auch keine Sorgen darüber machen, dass die Partnerschaft an Stabilität, an Kraft und Schwung verliert. Solche kreativen Fluchten beleben jede Beziehung. Viele Menschen geraten im mittleren Alter in die vielbesungene Midlife-Crisis und verlieben sich neu – das sind in meinen

Augen eigentlich nur versteckte Fluchten aus der Routine. Wenn man diese Fluchten konkret plant, dann muss es erst gar nicht so weit kommen, dass sich Partner fremdverlieben. Denn diese Fluchten, diese Auszeiten sind ehefördernd. Eifersucht und Besitzdenken sind es dagegen nicht.

Und nun beginnt sie, meine Reise zum Leben. Eine Auszeit, die alles veränderte.

Stehen bleiben

Im Alltag hetzen wir oft von einem Ort zum andern. Wir sind immer in Bewegung. Wir bleiben niemals stehen. Stehen bleiben heißt: die Hektik des Alltags zu unterbrechen. Das deutsche Wort „Stille“ kommt von „stellen, stehen bleiben“. Stille erfährt nur der, der stehen bleibt. Wir brauchen mitten im Getriebe unseres Alltags solche heilsamen Unterbrechungen des Stillwerdens. Im Stillwerden kann sich all das Trübe in unserer Seele setzen. Unsere Emotionen trüben sich täglich ein. Sie mischen sich mit den Emotionen unserer Umgebung. Wenn jemand ständig herumnörgelt, dann beschmutzt das unsere Seele. Da brauchen wir die Stille, um uns von diesem Schmutz, um uns von diesen Trübungen zu befreien. So wie der Wein stehen muss, damit sich das Trübe setzen kann, braucht auch der Mensch das Stehenbleiben, damit all das Trübe, das sich in ihm angesammelt hat, setzen kann und er mit der inneren Klarheit in Berührung kommt.

In jedem von uns ist die Sehnsucht, zur Ruhe zu kommen. Doch viele können nicht zur Ruhe kommen. Wenn es einmal um sie herum still wird, dann werden wir unruhig, dann steigt in ihnen Angst auf. Sie haben Angst, sie könnten mit ihrer Wahrheit konfrontiert werden. Sie haben Angst, sie könnten erkennen, dass ihr Leben so, wie sie es führen, nicht stimmt, dass sie an sich selbst vorbei leben, dass sie ihre innerste Wahrheit verfehlen. Oder aber es könnten Schuldgefühle auftauchen, die ihnen sagen, dass sie vieles verkehrt gemacht haben. Diesen unangenehmen Gefühlen will man aus dem Weg gehen. Daher muss man ständig beschäftigt sein, immer weitergehen, davonlaufen vor der Stille. Oft ist es dann eine Krankheit, die uns zwingt, innezuhalten. Aber manche nutzen auch eine Krankheit nicht dazu, sich der eigenen Wahrheit zu stellen. Sie möchten sie möglichst schnell wieder loswerden und beschäftigen sich auch in der Krankheit mit dem Alltagsgetriebe.

Wer immer weiterläuft, weiß oft gar nicht, wohin er geht. Hauptsache, er ist in Bewegung. Hauptsache, es läuft weiter, ganz gleich wohin. Doch wir sind dann oft wie der Mann in der chinesischen Parabel, der vor seinem eigenen Schatten davonläuft. Er läuft immer schneller, um dem Schatten zu entfliehen. Doch immer, wenn er zurückschaut, verfolgt ihn der Schatten. So läuft er, bis er tot umfällt. Die Parabel sagt, er hätte sich nur in den Schatten eines Baumes stellen müssen, dann wäre er seinen eigenen Schatten losgeworden. Es gibt nur die folgenden beiden Möglichkeiten: entweder ich stelle mich meinem Schatten, indem ich stehen bleibe. Ich schaue ihn an und versöhne mich mit ihm. Oder aber ich trete in den Schatten eines Baumes.

Für die frühen Mönche ist Letzteres ein Bild für das Beten. Im Beten stelle ich mich in den Schatten Gottes, in den Schatten des Kreuzes und schaue auf den, der sich am Kreuz für mich hingegeben hat. Indem ich auf seine Liebe schaue, die mir gilt, höre ich auf, mich selbst zu verurteilen. Ich komme im Schatten des Kreuzes zur Ruhe, weil ich spüre, dass ich bedingungslos von Gott angenommen bin. Im Schatten des Kreuzes bekomme ich den Mut, meine Wahrheit anzuschauen. Es gibt nichts in mir, was nicht von Gottes Liebe angenommen ist. Das Kreuz verweist mich auf die Gegensätze meines Lebens. In mir ist Dunkel und Licht, Stärke und Schwäche, Gesundes und Krankes. Alles ist von Gottes Liebe erfüllt. So kann ich im Schatten des Kreuzes meine Situation ehrlich anschauen. Ich muss nichts beschönigen, ich brauche vor nichts davonzulaufen. Ich kann mich aushalten, weil Christus mich ausgehalten hat. Ich kann haltmachen und meine Lage erkennen, meine Situation überprüfen.

Das Kreuz lädt mich ein, mich zu fragen, in welche Richtung ich weiterlaufen möchte. Das Kreuz erinnert mich an den Kreuzweg, an den Scheideweg, auf dem ich mich entscheiden muss, welchen Weg ich weitergehen möchte. Wer immer nur weiterläuft, ohne stehen zu bleiben, merkt gar nicht, dass er in die verkehrte Richtung gelaufen ist. Das Stehenbleiben aber lädt uns ein, uns über die Richtung unseres Weges klar zu werden und uns für den Weg zu entscheiden, der uns zum Leben führt.

Anselm Grün

Brich auf!

Kapitel 2

„Jede große Reise beginnt mit einem ersten Schritt“ – so lautet ein chinesisches Sprichwort. Dieser erste Schritt einer Reise fällt vielen Menschen schwer. Sich loszureißen, Vertrautes und Bekanntes hinter sich zu lassen und sich neuen Dingen zu stellen, kann Angst machen. Wenn ich ein neues Projekt starte oder langgehegte Pläne in die Tat umsetze, kann ich es oft kaum abwarten, mich auf den Weg zu machen. Der erste Schritt in unser Sabbatjahr fiel mir dagegen sehr schwer.

Obwohl Ilona und ich uns darauf geeinigt hatten, dass ich alleine zu unserer Weltreise aufbrechen und sie dann nachkommen würde, hadere ich auf einmal mit diesem Entschluss. Nach Rio zu fliegen, dort für vier Monate an Bord eines Schiffes zu gehen, das seine Jungfern-Weltreise erst noch vor sich hat, fremde Kontinente zu erleben, permanent Menschen um mich herum zu haben, während Ilona zu Hause bleibt – das alles gefällt mir nicht. Ich bin unsicher, extrem nervös. Mein Lampenfieber vor dem Aufbruch wächst. Ich merke: Nach den Anstrengungen des zurückliegenden Jahres bin ich immer noch schwach und alles andere als für ein neues Abenteuer bereit. Wäre es nicht besser, doch zu Hause zu bleiben und einfach nur mal auszuruhen?

Dann auf einmal ist er da, der Tag des Abschieds und des Aufbruchs. Diese schrecklichen Momente des Loslassens und Losreißens. Sie gehen vorüber – und dann fühle ich mich großartig. Ich bin voller Vorfreude auf das, was da kommt. Zum ersten Mal werde ich nach Südamerika reisen! Und das auch noch mit einem Schiff! Ich fühle mich wie ein Entdecker, der Kurs auf unbekanntes Land nimmt und nicht weiß, was ihn erwartet. So müssen Matrosen empfunden haben, wenn sie nach einem Landaufenthalt wieder in See gestochen sind. Ja, genau das ist es, was ich habe: ein „Matrosengefühl“, ein Abenteurergefühl, ein Entdeckergefühl – und das erfüllt mich mit tiefer Freude.

Ich fliege also guter Dinge nach Rio, gehe an Bord des Schiffes, das nun für mehrere Monate mein Zuhause sein wird, und treffe die Menschen, mit denen ich die nächsten Wochen verbringen werde. Es sind knapp 50, die zunächst mit mir und dann mit uns diese Weltreise machen werden: alte und junge, Männer und Frauen aus ganz unterschiedlichen Ecken Deutschlands. Wir kommen alle miteinander ins Gespräch. Ich erzähle, was mich bewogen hat, die Reise anzutreten, warum ich unterwegs bin. Und auch davon, dass mir der Abschied nicht leicht gefallen ist, weil meine Frau Ilona nicht dabei ist. So lange waren wir bislang noch nie voneinander getrennt. Vielen, die mit mir unterwegs sind, ist der Gedanke eines Sabbatjahres völlig fremd – auf jeden Fall im Zusammenhang mit meinem christlichen Glauben. Aber für manche steht, wenn auch unausgesprochen, ebenfalls eine persönliche Neuorientierung an.

Besonders intensive Gespräche führe ich mit einer älteren Dame. Sie ist waschechte Berlinerin, lebt aber in Freudenstadt – meiner Heimatstadt –, deshalb haben wir auch gleich einen Anknüpfungspunkt. Die Dame ist über 80 Jahre alt und eine beeindruckende Persönlichkeit. Sie kleidet sich sehr extravagant. Oft hat sie eine Blume im Haar oder trägt auffälligen orientalischen Schmuck. Aber auch bunte Kleider aus der Südsee oder lange, enge, asiatisch inspirierte und paillettenbesetzte Gewänder gehören zu ihrer Garderobe – eben alles, was „man" im Schwarzwald nicht trägt und mit über 80 erst recht nicht. Sie erzählt mir, dass diese Reise schon ihre zehnte Weltreise sei – sie mache das jedes Jahr. Weil unsere Gespräche aber auch sehr in die Tiefe gehen, stellt sich heraus, dass diese Reisen ihre ganz persönliche Art der Trauerbewältigung sind. Ihr Mann ist vor einigen Jahren gestorben, und ihre Tochter kam bei einem Verkehrsunfall ums Leben – und deshalb zieht es sie jedes Jahr in die Ferne. Sie will neue Horizonte sehen und neue Perspektiven entdecken. Irgendwann entscheide ich mich, die ältere Dame

„Prinzessin“ zu nennen – dieser Name passt so wunderbar zu ihrem gestylten Äußeren und setzt sich als ihr Spitzname sogar bei den anderen Passagieren durch. Die Prinzessin tut mir gut – weil sie nicht der Norm entspricht. Sie spiegelt mir auch meine eigene Unangepasstheit wider – wer macht schon mit 45 eine Weltreise auf einem Schiff? Ich identifiziere mich mit dieser alten Dame, die es sich in ihrem hohen Alter leistet, ihren Traum zu leben – so wie ich es mir in meiner jetzigen Situation leiste, meinen persönlichen Traum zu leben: meiner Gesundheit und meinem Leben zuliebe.

Wir erleben wunderbare erste Tage an Bord, fahren an der Küste Südamerikas entlang, der Himmel ist blau, das Wasser warm, ich genieße die Gesellschaft der anderen, fühle mich von ihnen beschenkt, kann mich aber jederzeit zurückziehen, wenn mir danach ist. Ich habe keine Termine und keine Verpflichtungen. Die Anspannung der letzten Wochen und Monate fällt einfach so von mir ab. Dieser Aufbruch ist von guten Gedanken und Emotionen begleitet – entgegen aller Befürchtungen.

Schwarze Tage

Dann nehmen wir Kurs auf die Falkland-Inseln, auf die ich mich persönlich ganz besonders freue. Schon lange faszinieren mich diese Inseln am Ende der Welt. Doch dann kommt über Nacht ein Sturm auf. Wellen türmen sich bis zu 12 Meter hoch. Der Kapitän sperrt das Deck, niemand darf mehr nach oben, denn es ist zu gefährlich dort draußen. Alle Luken sind abgeschottet und auf den unteren Decks ist kein Blick nach draußen mehr möglich. Am schlimmsten empfinde ich, dass es keine frische Luft für uns gibt. Uns bleibt also nicht viel anderes übrig, als im Restaurant des Ozeanriesen zu sitzen und zu warten, bis der Sturm nachlässt. Wir fühlen, wie das gewaltige Schiff untertaucht, wieder auftaucht, schlingert und stampft. Es ist beängstigend. Wie lange wird das so gehen? Wird das Schiff den Belastungen standhalten? Werden wir dieses Unwetter überleben? In diesen schlimmen Stunden ist unser Bordpfarrer ein wichtiger Ankerpunkt für mich. Wie an den anderen Tagen auch gibt er uns in den morgendlichen Gottesdiensten geistliche Impulse für den Tag, schafft es, dass wir trotz des Unwetters innerlich zur Ruhe kommen. Die Gottesdienste finden in einem Raum ganz vorne im Bug des Schiffes statt, noch über der Brücke. Durch die verglasten Fronten haben wir freie Sicht auf das aufgepeitschte Meer, auf den grauen, wolkenverhangenen Himmel. Es ist ein atemberaubendes Bild. Bei dem Blick über die Unendlichkeit des Meeres spüre ich die Begrenztheit meines eigenen Lebens. Und ich spüre, dass Gott unser Schiff in seiner Hand und unter Kontrolle hat – hier wird nichts aus dem Ruder laufen, da bin ich ganz sicher. Nach vier Tagen Sturm gibt der Kapitän auf. Er verkündet, dass er abdreht und wieder Kurs auf Südamerika nimmt. Kurze Zeit später erreichen wir sicher das Festland.

Ich bin trotz aller Enttäuschung sehr erleichtert, als wir in Feuerland ankommen – und ich habe etwas Wichtiges gelernt: Ich hatte ein Ziel. Ich wollte unbedingt auf die Falkland-Inseln. Aber mein Ziel war gar nicht wichtig. Es spielte am Ende keine Rolle – denn als es soweit war, dass wir dorthin hätten aufbrechen können, geschah etwas, das diesen Plan zunichte machte. Auf diesem vom Sturm auf und nieder gepeitschten Schiff lernte ich, dass es lebensnotwendig ist, seine Ziele an die äußeren Bedingungen anzupassen. Und dass nur eines zählt: auf Gott zu hören und zu vertrauen. Der Sturm zeigte mir aber noch etwas: Ich kann ungewohnten Belastungen standhalten. Und ich werde nicht seekrank. Mein Selbstvertrauen ist gewachsen. Ich fürchte mich nicht mehr vor dem, was vor mir liegt.

Ein paar Tage nach dem überstandenen Sturm gerät diese Sicherheit allerdings schon wieder ins Wanken. Ilona ruft mich an und hat bestürzende Nachrichten – ihr Vater ist plötzlich gestorben. Ein Blick auf den Reiseplan zeigt: Wir werden die kommenden vier Tage auf See sein, ohne Halt in irgendeinem Hafen. Es gibt keine Chance für mich, nach Hause zu fliegen. Ich kann meine Frau in dieser schlimmen Situation nicht trösten. Und ich kann mich nicht von meinem Schwiegervater verabschieden, den ich sehr geliebt habe. Das ist für mich sehr bitter. Mit seinem Tod hat keiner von uns gerechnet – und in meiner Erinnerung an den Aufbruch in unser Sabbatjahr spielt er eine wichtige Rolle: Dieser Tod ist zu einem Teil des Aufbruchs geworden. Auch er ist ein Aufbruch – in ein anderes Leben.

Der Tod meines Schwiegervaters konfrontiert mich aber auch wieder mit meiner eigenen Vergangenheit. Als meine Mutter an Krebs erkrankte und dann starb, konnte ich mich auch nicht von ihr verabschieden: Als sich abzeichnete, dass sie nicht mehr lange leben würde, schickte man mich weg, zu meiner Tante und zu meinem Onkel. Ich war erst elf Jahre alt. Irgendwann sagte mir dann meine Tante, dass meine Mutter tot sei, und wir fuhren zu ihrer Beerdigung. Ich erlebte meine Mutter nicht mehr todkrank zu Hause, ich sah sie nicht als Tote, ich konnte mich nicht von ihr verabschieden. Ich sah nur noch einen Sarg, den ich überhaupt nicht mit ihr in Verbindung bringen konnte. Heute weiß ich, dass meine Familie es nur gut gemeint hat und das tat, was man damals meinte, tun zu müssen: Kinder vor dem Tod zu schützen. Diese Erfahrung prägte mich zutiefst und belastete mich viele Jahre massiv. Als erwachsener Mann machte ich deshalb eine Traumatherapie, um diesen Schock aufarbeiten zu können. Heute habe ich damit meinen Frieden gemacht – aber den Tod meines Schiegervaters erlebe ich dennoch doppelt schmerzhaft. Ich erkenne: Es gibt immer wieder Situationen im Leben, in denen man seine eigene Endlichkeit und die der geliebten Menschen um sich herum spürt und sich hilflos eingestehen muss, dass man nichts dagegen tun kann. Als Kind konnte ich nichts tun und jetzt als Erwachsener kann ich auch nichts tun – ich kann noch nicht einmal meiner Frau beistehen. Und kein Telefon dieser Welt, auch nicht das Satellitentelefon auf dem Schiff, kann meine körperliche Nähe und den Trost ersetzen, den sie jetzt von mir braucht. Der Schmerz darüber ist bis heute bei Ilona präsent. Aber sie kann auch sagen: Gut, dass ich damals nicht mit dir aufgebrochen bin, gut, dass ich zu Hause blieb.

Mein innerer Kompass

Bei all unseren Entscheidungen, bei all unseren Aufbrüchen – seien es nun große Reisen, neue Projekte oder Pläne – ist Ilona und mir unser „Ampelbild" wichtig. Wir fragen uns immer, bevor wir in eine neue Richtung aufbrechen: Was zeigt die innere Ampel an, wenn wir ganz konkret an ein Projekt, einen Plan oder eine Reise denken: Steht sie auf rot? Oder auf grün? Wenn die Ampel bei einem von uns beiden rot leuchtet, dann bleiben wir auch tatsächlich stehen und brechen nicht auf. Für mich hat diese Ampel etwas mit Gottvertrauen zu tun. In meinem Leben gibt es Chancen und Optionen – und weil ich ein mündiger Mensch bin, über Verstand und Intuition verfüge, kann ich mich für eine der Möglichkeiten entscheiden – rot oder grün, stehen oder gehen. Darin liegt eine große Freiheit, die jedoch immer von Gott begleitet wird. Das ist mein Gottesbild. Ich muss nicht warten, bis mir irgendwelche Lösungen auf dem Silbertablett serviert werden, sondern ich kann eine der sich mir bietenden Chancen und Möglichkeiten beim Schopf packen. Diese Freiheit schließt nicht aus, dass ich vielleicht immer wieder mit dem Kopf an eine Tür renne, die sich partout nicht öffnen will und die deshalb gar keine echte Chance ist. Aber selbst wenn ich mir die Nase dabei blutig schlage: Es ist meine Entscheidung, genau das zu tun.

Und diese Freiheit habe nicht nur ich – die hat jeder von uns, davon bin ich zutiefst überzeugt. Jeder Mensch hat immer genau zwei Möglichkeiten: bleiben oder aufbrechen, stehen oder gehen, rot oder grün, um beim Bild mit der Ampel zu bleiben. Auf den inneren Kompass kommt es an. Wichtig bei Entscheidungen ist es in meinen Augen, ein gutes Gefühl für das richtige Timing zu entwickeln. Ich gestehe es gern: Mit neuen Projekten und Plänen starte ich oft zu früh. Ich breche zu schnell auf, bin zu ungeduldig und möchte vieles am liebsten sofort in die Tat umsetzen. Entscheidend ist dabei jedoch, die richtige Welle abzuwarten. Erst dann muss man nämlich nicht mehr mit dem Kopf durch die Wand, sondern kann sich tragen lassen von den Dingen, die passieren – vom eigenen Gottvertrauen, wenn Sie so wollen.

In unserem Sabbatjahr gibt es wie geplant noch einen zweiten Aufbruch – nach dem Ende der Schiffsreise brechen wir wieder auf, dieses Mal Ilona und ich gemeinsam. Wir reisen auf die Insel Iona vor der schottischen Westküste. Freunde haben uns von diesem Ort erzählt und von der Iona Community. George MacLeod, ein Pastor der Church of Scotland, gründete diese Kommunität 1938 als ein Sozialprojekt, in dem Priester und arbeitslose Jugendliche gemeinsam die alte, verfallene Abtei wiederaufbauten, die auf Iona schon seit dem 5. Jahrhundert existiert. Aus dem Wiederaufbau der alten Abtei entwickelte sich die Iona Community – eine Gemeinschaft, die neue Wege finden will, die Herzen aller Menschen zu erreichen. Sie tut dies durch Jugendarbeit, neue Lieder und Gottesdienstformen und mit ihrem Einsatz für Gerechtigkeit und Frieden.

Schon die Reise nach Iona versetzt Ilona und mich in eine ganz besondere Stimmung. Diese Reise ist lang – zuerst mit dem Flugzeug von Frankfurt nach Edinburgh, dann mit dem Mietwagen mehrere Stunden durch die einsamen Highlands, hinüber mit der Fähre auf die Insel Mull, die wir auf einer einspurigen Straße überqueren und an deren anderen Ende die Fähre nach Iona auf uns wartet. Das Auto lassen wir auf Mull stehen, denn Iona ist autofrei. Wir steigen aufs Schiff und legen ab. Vom Wasser aus können wir das Ziel unserer Reise, die Iona Abbey, sehen. Die Abtei thront, von einigen kleineren Häusern umgeben, mitten auf der Insel; alles leuchtet im warmen Licht der untergehenden Sonne. Es ist ein Anblick, der einen zu Tränen rühren kann – eine solche Ruhe und Frieden strahlen die Abtei und die sie umgebenden kleinen Steinhäuser aus.

Unsere Fähre legt in dem kleinen Hafen der Insel an, wir gehen an Land und spüren sie sofort – diese besondere Atmosphäre des heiligen Ortes, die uns nie mehr loslassen wird. Die Ruhe hier umfängt uns wie ein wärmender Mantel – auf Iona gibt es keinen Flughafen, Autos sind bis auf einige Transportautos nicht zugelassen, es herrscht also keinerlei Verkehrslärm. Zu hören sind nur Wind und Wellen. Wir wohnen direkt neben der Iona Abbey, im Gästehaus St. Columba. Es ist ein schlichtes Haus, innen besteht es komplett aus Holz. Was uns begeistert, ist der riesige „Sunroom" – ein warmer, freundlicher Raum, durch dessen komplett verglaste Fensterfront wir auf das Meer hinausschauen können. Wir fühlen uns in diesem Raum, als seien wir nach einer langen Reise in einen Heimathafen eingelaufen. Wir bringen unser Gepäck auf unser kleines und spartanisch möbliertes Zimmer im Erdgeschoss und verlassen das Haus aber gleich wieder.

Es zieht uns in Richtung Abtei. Dort angekommen, bleiben wir vor dem großen keltischen Kreuz stehen. Es ist die Replik des St. John's Cross mit dem typischen großen Sonnenrad an der Stelle, an der sich die beiden Achsen kreuzen. Der Kreis ist ein Symbol für das ewige Leben – genauso wie der Leib Jesu auf den klassischen christlichen Kreuzen. Wir betrachten die Ornamente, die in das Kreuz eingraviert sind und freuen uns darauf, in den nächsten Tagen hoffentlich mehr darüber zu erfahren. Dann aber öffnen wir langsam die Tür der Abtei – wir sind vorsichtig, denn wir wollen niemanden stören. Der Kirchenraum ist klein und überschaubar. Wir nehmen die Reste des alten Gemäuers wahr, sehen aber auch viele neue Steine, mit denen die Kirche vor 70 Jahren renoviert worden ist. Das hölzerne Mobiliar ist schlicht und einfach. Uns fallen die vielen, vielen Kerzenleuchter auf mit ihren großen weißen Kerzen, die jetzt, außerhalb des Gottesdienstes, nicht angezündet sind. Um den Chor herum sind kleine Kapellen angeordnet, eigentlich sind es eher Nischen, in denen die Gäste der Iona Community kleine Gebetszettel hinterlassen haben. Auf ihnen steht geschrieben, was die Menschen hierher mitbringen und auch dort lassen wollen: Sorgen, Nöte, Ängste. Es sind noch andere Menschen mit uns in der Kirche – sie schauen sich ebenso konzentriert um wie wir, manche sitzen in den Stuhlreihen und sind in sich gekehrt. Diese Kirche wirkt wie ein Zufluchtsort auf uns. Hier kann uns nichts passieren.

Nicht nur wir bemerken die außergewöhnliche Atmosphäre in der Abtei und auf der Insel. Während unseres Aufenthaltes sprechen wir mit vielen anderen Menschen darüber, denen es genauso geht. Auch sie empfinden diese besondere Anziehungskraft. Keiner kann uns so genau sagen, wo sie herrührt. Ein Gespräch mit einem Besucher der Kommunität bewegt mich besonders stark. Er sei Steuerberater, erzählt mir der Mann, und habe mit Gott eigentlich überhaupt nichts am Hut. Aber jedes Mal, wenn er einen Fuß auf die Insel setze, spüre er diese außergewöhnliche Atmosphäre, komme innerlich zur Ruhe, könne Kraft tanken und gestärkt

wieder nach Hause fahren. Rational erklärbar sei das für ihn aber alles nicht. So ähnlich erleben Ilona und ich unseren Aufenthalt auf Iona und in der Kommunität. Dieses Gefühl in Worte zu fassen, fällt mir sehr schwer. Vielleicht trifft es das Wort „Energie“ noch am besten. An diesem Ort, auf dieser Insel beten Menschen seit 1.500 Jahren. Von hier aus verbreitete sich das Christentum in Nordengland und Schottland. Das hinterließ Spuren, Segensspuren, die bis heute zu sehen und zu spüren sind.

Ein Aufbruch ist ein Neubeginn

Gründer von Iona Abbey ist der irische Mönch Columcille, der in Großbritanien auch unter dem Namen Columba bekannt ist. Er war vom irischen König verbannt worden – ein Resultat der ersten

Urheberrechtsverletzung, die uns heute bekannt ist: Columcille hatte ein Buch aus der Bibliothek seines Lehrers abgeschrieben und betrachtete diese Kopie als sein Eigentum. Der König sah das anders. „Das Kalb gehört zur Kuh, die Kopie zum Buch“, sagte er, und Columcille empfand diese Entscheidung als ungerecht. Der Disput führte 561 zu einer Schlacht, in der 3.000 Soldaten fielen, der Legende nach jedoch nur ein Mönch. Columcille wird daraufhin exkommuniziert und verbannt. Zusammen mit 12 Brüdern segelt er mit ungewissem Ziel über die Irische See Richtung Osten – und landet auf Iona vor der schottischen Küste. Als Buße für die Opfer der von ihm angezettelten Schlacht will er mindestens 3.000 und eine Seele retten. Und so baut er auf Iona als Erstes eine Kirche.

In den folgenden 34 Jahren bis zu seinem Tod macht Columcille Iona zu einem Zentrum des christlichen Lebens in Europa. Und er missioniert die Pikten, die heidnischen Stämme Schottlands. Nach und nach wird Iona zu einer bedeutenden Bildungseinrichtung, in die adlige Familien ihre Söhne schicken. Die Menschen zieht es zur geistlichen Quelle, und letztlich kommen so viele, dass die kleine Abtei nicht mehr alle beherbergen kann. Auch die Insel selbst kann nicht mehr als 150 Menschen ernähren. Deshalb entwickelt Columcille ein simples Prinzip: So wie er einst mit seinen 12 Brüdern von Irland aufbrach, sollen nun – sobald die Abtei an ihre Grenzen gerät – immer 13 Brüder aufbrechen und irgendwo in Schottland ein neues Kloster gründen. Auf diese Weise entstehen insgesamt 60 geistliche Zentren. Der Geist von Iona verteilt sich über das Land.

Dieses Prinzip des Aufbruchs fasziniert Ilona und mich sehr – denn dieser Aufbruch erfüllt nicht nur einen Selbstzweck, sondern er führt dazu, dass Erfahrung multipliziert, Wissen weitergegeben wird. Das, was Columcille erlebt und erfahren hat – aufzubrechen, unbekannte Ufer zu erkunden und neues Land einzunehmen – wurde zu einem Modell für 60 andere Gruppen. Er machte anderen Menschen Mut, den gleichen Weg zu gehen. Columcille ist für uns ein geistliches Vorbild – das spüren Ilona und ich in jenen Wochen auf Iona sehr deutlich. Und gleichzeitig fühlen wir auch, dass es in unseren Zeiten, in unserer Gesellschaft viel zu wenig solcher Modelle, solcher Beispiele, solcher Vorbilder gibt. Nach 1968 hat das kollektive Misstrauen gegen Autoritäten und Vorbilder jeglicher Art in unserem Land viel zerstört. Heute finde ich es sehr spannend, Geschichte wiederzuentdecken – auch meine eigene Geschichte, und deshalb breche ich innerlich auf zur Suche nach meinen eigenen Wurzeln, nach meiner eigenen Identität. Denn ich erlebe immer wieder, dass ich meine Gegenwart besser verstehe, wenn ich mich mit meiner Vergangenheit auseinandersetze und beschäftige.

Ich erforsche deshalb, was ich von meinen Vorfahren mit auf den Weg bekommen habe und welchen roten Faden es in meiner Biografie gibt. Dazu gehört für mich auch, die Werte zu entdecken, die meine Eltern gelebt haben. Sie waren ein Vorbild für mich, und nun ergründe ich, wo und warum sie das waren. Mein Vater verkörpert für mich typisch schwäbische Werte: Er macht nicht viele Worte, aber das, was er sagt, hat Hand und Fuß, und darauf kann man sich auch verlassen. Sein Interesse für andere Kulturen war mir schon immer ein Vorbild und hier habe ich mir viel von ihm abgeschaut – ob er sich nun mit den ägyptischen Pharaonen beschäftigt, mit russischer Geschichte oder mit technischen Innovationen. Heute ist er 87 und hat eine ungeheure Wissbegierde und Lernbereitschaft. Er erzählt mir so begeistert über Nanotechologie und Teilchenbeschleuniger, dass ich manchmal schon denke, er sei in irgendwelche Forschungsprojekte verwickelt. Er ist aktiv und ausgeglichen, reist gerne, bastelt fast jeden Tag in seiner Werkstatt – und er hat einen tiefen Glauben. Durch den Tod meiner Mutter hat er sich von einem Atheisten zu einem bekennenden Christen gewandelt. Er ist sich seiner Endlichkeit wohl bewusst, geht aber sehr entspannt damit um. Und er nimmt jeden Tag als das, was er ist – ein Gottesgeschenk. Dafür bewundere ich ihn.

Während ich auf diese Entdeckungsreise gehe, stelle ich aber auch fest, dass ich mich von Dingen distanzieren kann, die meinen Eltern vielleicht noch wichtig waren. Mein Vater hat beispielsweise nach dem Tod meiner Mutter nichts an der gemeinsamen Wohnung verändert. Möbel, Bilder, Tapete, die Einrichtung – alles blieb gleich. Selbst als dann später meine Stiefmutter in dieses Haus einzog. In diesem Punkt war mein Vater, den ich wirklich schätze, kein Vorbild für mich. Ich traf eine andere Entscheidung und verkaufte nach dem Tod meiner ersten Frau sowohl unser Haus als auch unsere Möbel. Ich brach auf in ein neues Leben.

Dass mir dieser Aufbruch gelang, habe ich einem ganz besonderen Vorbild zu verdanken: einem katholischen Priester. Das ist vielleicht deshalb besonders, weil ich selbst evangelisch bin. In der Zeit nach dem Tod meiner ersten Frau Bettina befand ich mich in einer tiefen Krise mit Gott. Ich war wütend auf ihn – wie hatte er es zulassen können, dass mir nicht nur die Mutter, sondern auch noch meine Frau genommen wurde? Warum mutete er mir einen solchen Schicksalsschlag – den Tod eines geliebten Menschen – gleich zweimal zu? Ich war nicht nur wütend, sondern auch noch zutiefst enttäuscht. Ich konnte keine gut gemeinten Ratschläge von anderen Menschen mehr hören, Trauerkarten mit Bibelversen waren für mich das Letzte, was ich lesen wollte.

In dieser schlimmen Phase machte ich eine Kur, um mich zu erholen. In der Kurklinik gab es Gesprächsabende, die ein katholischer Priester leitete. Seine Rolle war die eines Zuhörers. Er hörte sich alles an, was wir ihm zu berichten hatten, was uns schmerzte und beschäftigte. Irgendwann sprach ich auch unter vier Augen mit ihm, und diesem einen Gespräch folgten viele weitere. Der Priester wurde zum Ohr Gottes für mich. Er hörte sich meine ganze Enttäuschung, meine Anklage, meinen Frust und meinen Schmerz an. Er gab keine Bewertung ab, er erteilte mir keine guten Ratschläge, und aus diesem Grund konnte ich Vertrauen zu ihm aufbauen. Irgendwann ging ich auch in seine Gottesdienste. Sie waren liturgisch sehr nüchtern, und diese nüchterne Liturgie schuf mir einen Rahmen, in dem ich einfach nur sein durfte und auch konnte. Letzten Endes waren es aber die Gedichte, die dieser Priester geschrieben hatte, die meine Suche nach einem Sinn hinter all dem Leid, das ich erfahren hatte, aufgriffen. Die in ihnen niedergeschriebenen Gedanken waren weit und offen. Und diese Gedanken weiteten schließlich auch mein Herz, sodass ich aus dieser Weite heraus wieder zu Gott fand. Ich konnte einen neuen Anfang mit ihm wagen.

Und genau das ist es, was alle Aufbrüche so besonders macht: Sie sind immer auch ein Neubeginn – ganz egal, ob für uns oder für Columcille und die sich in Schottland ansiedelnden Mönche. Ein Aufbruch ist ein Schritt, der viel Mut erfordert, denn das, was kommen wird, kann man nicht vorhersehen. Und noch viel weniger weiß man, was das mentale oder physische Neuland, das man betritt, in einem bewirkt. Welche Veränderungen es auslöst. Ob man hinterher noch derselbe ist. Aber vielleicht will man das auch gar nicht – derselbe bleiben. Vielleicht brechen wir auf, um jemand anders zu werden.

Zu neuen Ufern aufbrechen

Wer aufbrechen will, muss seine Zelte abbrechen. Wir sind oft in Gefahr, uns dort, wo wir wohnen, gut einzurichten. Das führt zu einem Gefühl des Geborgenseins, das wir alle brauchen. Aber wir können nicht immer in dem Nest sitzen bleiben, das wir uns geschaffen haben, denn sonst erstarren wir innerlich. Wie ein Vogel müssen wir unser Nest verlassen und aufbrechen, um neue Wege zu gehen. Wir bleiben nur lebendig, wenn wir uns wandeln. Und zur Verwandlung gehört das Wandern. Im Wandern wandeln wir uns. Der erste Schritt des Wanderns ist das Aufbrechen.

Das Urbild des aufbrechenden Menschen ist Abraham. Er bricht auf aus seiner Heimat, aus seiner Vaterstadt und aus seinem Vaterland. Diesen dreifachen Aufbruch haben die frühen Mönche so verstanden: Wir müssen aufbrechen aus all den Abhängigkeiten, aus allem, was uns gefangen hält. Manchmal sind es Beziehungen, die uns nicht freilassen. Manchmal sind es Gewohnheiten, die wir abbrechen müssen, damit wir zu neuen Ufern gelangen. Für Abraham ist es letztlich Gott, auf den hin wir Menschen aufbrechen. Aber zuvor müssen wir die Fesseln lösen, die uns gefangen halten, den alltäglichen Trott durchbrechen, der uns im Griff hat.

Der zweite Aufbruch geschieht aus den Gefühlen der Vergangenheit. Wir sollen weder ständig in unseren verletzten Gefühlen wühlen, noch immer nur um die schönen Gefühle der Kindheit kreisen. Wer aufbrechen will, muss die Verletzungen seiner Kindheit hinter sich lassen. Er darf die Verletzungen nicht als Vorwand nehmen, nicht selbst zu leben. Sieht er aber die Vergangenheit nur in einem rosigen Licht, muss er darauf verzichten, ständig nur zu erzählen, wie schön es in der Vergangenheit war. Aufbrechen ist immer ein Aufbruch in die Zukunft, ein Aufbruch zu neuen Ufern.

Der dritte Aufbruch bezieht sich auf das Sichtbare. Wir sollen das Sichtbare hinter uns lassen, um auf das Unsichtbare, auf Gott hinzuwandern. Paulus drückt das so aus: „Unsere Heimat ist im Himmel." (Philipper 3,20) Novalis hat diesen Aufbruch beschrieben mit dem Satz: „Wohin denn gehen wir – immer nach Hause." Wir brechen auf aus der vermeintlichen Heimat, um das wahre Zuhause zu suchen, um unsere Heimat in Gott zu finden.

Wir müssen aber nicht nur unsere Zelte abbrechen, um einen Aufbruch zu wagen. Es gilt auch, unsere Masken zu zerbrechen und die Panzer zu knacken, die wir um unser Herz gelegt haben. Wer aufbrechen will, muss seine Masken und Rollen hinter sich lassen. Er geht seinen Weg als dieser einmalige Mensch, als diese einzigartige Person. Er kann nicht mit einer Maske wandern, sonst erkennt er den Weg nicht. Und er muss die Panzer ablegen, mit denen er seine Gefühle unterdrückt, sonst wird der Weg für ihn zu beschwerlich. Nur wer sich von Gott aufbrechen lässt, kann einen Aufbruch zu neuen Ufern wagen. All das, was uns auf unserem Weg widerfährt, was uns durchkreuzt – seien es Krankheit, Versagen, Leid oder Unglück –, das will unsere Vorstellungen vom Leben zerbrechen, damit wir nicht selbst daran zerbrechen. Was uns durchkreuzt, will uns aufbrechen für unser wahres Selbst. Es will uns aufbrechen für neue Möglichkeiten unseres Lebens. Und es will unsere Vorstellungen von Gott zerbrechen, damit wir uns öffnen für den unbegreiflichen Gott, der in seiner Unbegreiflichkeit aber doch die Liebe ist.

So steckt in dem Wort Aufbrechen beides: das aktive und das passive Element. Wir müssen selbst aufbrechen und den Aufbruch wagen. Aber auf unserem Weg werden wir auch immer wieder aufgebrochen. Was uns durchkreuzt, das möchte uns frei machen für Gott. Das feiern wir in jeder Eucharistie, im Brotbrechen, wie

Lukas das Mahl der Christen nennt. Dort zerbricht der Priester vor der Kommunion das Brot und taucht es in einen Kelch mit Wein. Er zerbricht den Leib Jesu Christi, der für uns am Kreuz zerbrochen wurde, damit wir durch das, was uns täglich durchkreuzt, nicht zerbrechen, sondern aufgebrochen werden für das Geheimnis seiner unbegreiflichen Liebe, die uns im Kreuz offenbar geworden ist. Und dann taucht der Priester ein Stück Brot in den Kelch. Er taucht den Leib Christi in sein Blut als Zeichen der Auferstehung, als Zeichen, dass Gott die Bruchstücke unseres Lebens eintaucht in seine göttliche Liebe und sie in seiner Liebe neu miteinander verbindet zu der einmaligen Gestalt, in die er uns hineinformen möchte durch das, was uns in unserem Leben widerfährt.

Anselm Grün

Spüre deine Sehnsucht!

Kapitel 3

Iona ist eine schroffe und unwirtliche Insel. Überall Felsen, Steine, Gestrüpp, wenig Gras. Auch die Küste ist zerklüftet – mit einer Ausnahme: Im Süden gibt es eine kleine Bucht mit einem Steinstrand. Dort ist Columcille mit seinen 12 Gefährten im Jahr 563 angekommen.

Ilona und ich gehen die Küste entlang. Wir wollen noch viel mehr erfahren. Uns kommt ein verrückter Gedanke: Wir wollen nicht nur lesen und hören, wir wollen selbst erleben, wie es gewesen sein muss, als Columcille hier gelandet ist, was er damals gesehen hat. Wir wollen versuchen, uns in ihn und seine Emotionen hineinzuversetzen. So mieten wir uns ein Segelboot und fahren die Küste entlang. Auf dem Meer unterwegs zu sein ist ein Gefühl voller Freiheit. Der Wind bläht das Segel, ein rotes, leuchtendes Segel. Sehnsucht kann wie ein Segel in der Brust wirken. Sehnsucht füllt unser Leben mit Energie, neuer Kraft. Eine Reise über das Meer in ein neues Land wagt der, der ein Ziel hat, der sich für etwas begeistert, der etwas entdecken und erobern will. Oder auch der, der vor etwas flieht, der neu anfangen muss, so wie Columcille.

Columcille und seine Gefährten werden nach der Überquerung der Irischen See vor allem eines gewesen sein: müde und erschöpft. Hinzu kam die Ungewissheit: Sie wussten weder, was sie erwartet, noch, ob diese Insel sie überhaupt ernähren konnte. Sie werden auch eine große Trauer verspürt haben: Freunde und Familien hatten sie hinter sich lassen müssen. Ob sie je wieder nach Hause, nach Irland, kommen würden, war offen. Vermutlich werden sie als Erstes kleine Erkundungstouren über die Insel gemacht haben, um herauszufinden, ob es dort Menschen gab, die ihnen eventuell feindlich gesonnen waren, und um etwas Essbares zu finden. Es war alles andere als eine einfache Reise. Sicherlich haben sie gebetet.

Herr, du bist meine Insel.
In deinem Schoß bin ich geborgen.
Du bist die Ruhe im Sturm.
In diesem Frieden kann ich ruhen.
Du bist in den Wellen, die auf die Küste rollen
und die Steine zum Glitzern bringen.
Dieses Meeresrauschen ist meine Hymne.
Du bist das Lied der Vögel. Ihre Melodie singe ich.
Du bist die See, die gewaltig auf den Felsen prallt.
Ich preise dich in deiner wogenden Kraft.
Du bist der Ozean, der mein Wesen
wie das Wasser umspielt. In dir verweile ich.

Columcille

Wir sind voller Bewunderung für diese Mönche, die hier Neuland betreten haben. Anders als Mose und Josua – die im gelobten Land alles im Überfluss vorfanden – hatten Columcille und seine Gefährten nichts außer einander, ihre Hoffnung und ihren Glauben. Mehr nicht. Es gab keinen Plan, keine gelegten Spuren, keine Vorbilder. Iona war ein weißer Fleck auf der Landkarte ihres Lebens. Sie fingen von vorne an, wagten einen Neubeginn und entdeckten das neue Land.

Dieser Neubeginn war sicherlich kein gewollter, kein bewusster. Columcille war ein Verbannter, der Schuld auf sich geladen hatte. 3.000 Soldaten waren gestorben, weil er eine Schlacht begonnen hatte. Und deshalb ging mit seinem Neubeginn auch Sühne einher: 3.000 und eine Seele wollte er retten, als Wiedergutmachung. Denn auch das bietet das neue Land: die Chance, Geschehenes hinter sich zu lassen oder noch mehr, es ungeschehen zu machen.

Dazu fällt mir der Film „Die Alpen“ ein. Darin geht es um einen Mann, dessen Vater bei der Besteigung der Eigernordwand tödlich verunglückt. 40 Jahre nach dem Tod des Vaters macht sich sein Sohn nun auch auf den gefährlichen Weg, diese Felswand zu bezwingen. Er will das Scheitern des Vaters durch seine eigene Biografie wiedergutmachen, mehr noch: Er will es ungeschehen machen. Dieser Film hat mich sehr berührt – ein Mann betritt Neuland und geht ein hohes Risiko ein, um sich von der Last der Vergangenheit zu befreien. Genau das war es, was auch Columcille tat. Er sehnte sich nach einem Neubeginn.

Wir tragen viel mit uns herum, wie einen schweren Rucksack – voll geladen mit gesammelten Schätzen und tiefen Enttäuschungen. Voller Lebenserfahrungen, guten und schlechten Erinnerungen. Voll mit Unverständnis, Fragen und oft auch dem Gefühl, Schuld auf uns geladen zu haben, die wir nicht loswerden. Erst wenn wir all das einmal beiseitelegen, unsere Last absetzen und innehalten, wenn wir auf einmal mit leeren Händen dastehen, können wir Neues entdecken. Auf eine Reise zum Leben kann man nicht viel mitnehmen. Nur das Nötigste, das, was wir tragen können, kann Platz finden. Wenn wir Gott unser Leben hinhalten, wenn wir Schuld, die sich angesammelt hat, vor ihn legen, dürfen wir uns frei fühlen – und zutiefst geborgen. Er wird uns nur das an Gepäck mitgeben, was wir wirklich tragen können. Das heißt nicht, dass es ein Spaziergang wird oder eine Bootsfahrt bei schönem Wetter. Nein, das dunkle Tal und der schwere Sturm werden uns wahrscheinlich nicht erspart bleiben.

Auch Ilonas und meine Reise nach Iona ist von der Sehnsucht nach Neuland geprägt und motiviert. Wir wollen die Wurzeln des keltischen Christseins kennenlernen. Der Glaube der irischen Christen war klar und kraftvoll. Sie waren erfüllt von der Kraft ihres Glaubens an Jesus Christus und richteten ihr gesamtes Leben darauf aus. Glaube war nicht etwas, das sie einmal in der Woche in einer Kirche praktizierten, sondern Tag für Tag in jeder Minute, jeder Sekunde lebten. Sie begegneten Gott in den alltäglichen Dingen, ganz egal, ob sie nun die Felder bestellten, Mahlzeiten zubereiteten oder eine Kirche bauten. Gott und die Welt bildeten für sie eine Einheit. Dieses Lebensgefühl ist mir, ist sicher vielen, weitgehend verloren gegangen. Die Vorstellung, dass Gott gut und die geschaffene Welt im Gegensatz dazu schlecht ist – wie es manche Kirchen heute propagieren – wäre ihnen sicherlich sehr absurd erschienen. Die keltischen Mönche fürchteten nicht die Strafe Gottes – ihr Gott war ein gerechter Gott. Gottes Gegenwart gab ihnen Geborgenheit und das Gebet war keine sonntägliche Pflicht, sondern ein konkretes, immerwährendes Gespräch mit Gott.

Jetzt stehen wir hier auf dem Land, das diese Mönche vor 1.500 Jahren für sich entdeckten. Wir erahnen etwas von dem, was die Gemeinschaft damals bewegte. Wir sehen die alten Mauern, wir spüren das Besondere der Räume, die Gott zu Ehren erbaut wurden. Und wir erleben das, was die neu entstandene Gemeinschaft von Iona hier wieder zum Leben gebracht hat. Es ist kein frommer Wunsch. Es ist real, wir können es fühlen, hören, begreifen. Und wir ahnen, dass es mehr geben muss als das, was uns bis hierher gefühlt hat. Ilona und ich wollen mehr erfahren, wir wollen wissen, wie die Mönche damals und auch wie die Menschen von heute dort ihren Glauben umsetzen. Wir wollen hier, auf Iona, neue Modelle für unser eigenes Leben, unseren eigenen Glauben kennenlernen. Wir erhoffen uns Beispiele für Rituale, für ein praktiziertes Christsein, für eine neue Ordnung, die uns auch in unserem Leben weiterhelfen kann.

Wir sind nicht mehr damit zufrieden, sonntags zum Gottesdienst zu gehen, um dann den Rest der Woche wieder in die Alltagswelt abzutauchen, in der Rituale keinen Platz mehr haben. Gottesdienste werden in den Kirchen entweder als Event gefeiert oder sie folgen streng der Liturgie – das ist für uns noch kein gelebter Glaube. Wir sehnen uns nach einer intensiven Gemeinschaft mit anderen Christen. Wir möchten uns auch gerne unter der Woche in einem verbindlichen Kreis über unseren Glauben und auch über Alltagsprobleme auseinandersetzen und in einen Dialog treten – denn auch das bieten uns Gottesdienste nicht, sie sind ein „Frontalprogramm“. Aus diesem Grund sind wir auf Iona und in der Iona Community – auf der Suche nach Modellen, die wir auf unseren Alltag übertragen können und die uns mit unseren Mitmenschen enger zusammenrücken lassen, so eng, wie Columcille und seine Gefährten miteinander gelebt haben.

Ob diese Sehnsüchte und Erwartungen gestillt und erfüllt werden, wissen wir nicht, als wir in Iona ankommen. Das spielt aber auch erst einmal eine untergeordnete Rolle. Wer einmal einen Neuanfang gewagt hat oder sich auch nur danach gesehnt hat, der weiß:

Wer Neuland entdeckt, wer eine Sehnsucht nach Neuland in sich spürt, entdeckt vor allem, was in seinem hinter ihm liegenden Leben nicht funktioniert. Was nicht passt. Was verbessert werden kann. Wer Neuland entdeckt, wechselt die Perspektive, denn er lernt nicht nur das neue Land kennen, sondern schaut auch mit einem neuen Blick auf das, was hinter ihm liegt. Er reflektiert und überlegt sich, was gut oder schlecht an dem war, was er zurückgelassen hat und welche Chancen ihm das neue Land bietet.

Ohne Neugierde geht es nicht

Columcille und seine Gefährten bepflanzten also das Land. Sie bestellten die Felder. Sie führten das fort, was sie schon aus Irland kannten. Und sie bauten sich Unterkünfte – kleine runde Hütten aus Stein. Sie pflegten ihre Rituale, beteten und suchten ihre Stille mit Gott. So integrierten sie ihren Glauben in das neue Land. Später richteten sie ein Scriptorium ein, schrieben und kopierten ihre Schriften und gründeten eine Schule. Junge Menschen von der Nachbarinsel Mull und vom Festland kamen, um bei ihnen zu lernen: Lesen, Schreiben, biblische Fächer, praktisches Leben. Columcille und seine Gefährten schafften das, was das Entdecken von Neuland erfolgreich macht: Sie warfen Unnützes über Bord, behielten das Gute bei und probierten Neues aus.

Während Ilona und ich mit dem Segelboot um Iona kreuzen und uns mit Columcilles Neuanfang auf der Insel auseinandersetzen, muss ich an den Beginn unserer Ehe denken. Auch damals, vor neun Jahren, entdeckten wir Neuland, begannen wir einen ganz neuen Abschnitt in unserem Leben. Wir starteten gemeinsam in Limburg, einer für uns beide neuen Stadt, in einer neuen Wohnung, mit einer neuen beruflichen Perspektive – denn wir hatten nicht nur geheiratet, sondern auch gemeinsam ein Unternehmen gegründet. Wir mussten uns also privat und beruflich zusammenraufen – was nicht immer einfach war. Am leichtesten fiel uns unser Neubeginn auf der Ebene des Wohnens. Wir hatten ein Haus in einem Neubaugebiet gekauft, in dem alle Nachbarn mehr oder weniger neu zugezogen waren. Bei einem der regelmäßig stattfindenden Straßenfeste bekamen wir schnell Kontakt zu den anderen und stellten fest, dass man es wesentlich leichter hat, wenn man das Neuland in einer Gruppe einnimmt. Auch Columcille und seine Gefährten profitierten von ihrer Gemeinschaft. Sie konnten einander ermutigen, hatten sicherlich gemeinsam mehr Kraft und Energie, und sie konnten sich gegenseitig beraten.

Und noch etwas ist wichtig, wenn man Neuland betritt: Neugierde. Man muss das neue Land, den neuen Beruf, die neuen Nachbarn kennenlernen wollen. Das geht nicht ohne eine gewisse Extrovertiertheit: Nur wer aus seiner Isolation heraustreten kann, Hürden überwindet, bereit ist, an fremden Türen zu klingeln, sich vorzustellen und Kontakt aufzunehmen, wird vom Neuland profitieren können. Nur wer von seinem Boot aus an Land geht, kann erspüren, wie sich dieses Land anfühlt und was ihn dort erwartet. Wer in einem U-Boot vor der Küste bleibt, kann sich das neue Land zwar anschauen, es aber niemals einnehmen.

Wir betreten in der Tat Neuland auf Iona – denn wir lernen eine neue Form des Gottesdienstes kennen, die uns zutiefst berührt. In der kleinen Abteikirche treffen sich jeden Abend Mitglieder der Community und ihre Gäste zum Gottesdienst. Die Tagesbesucher haben zu diesem Zeitpunkt die Insel bereits verlassen, es ist Ruhe eingekehrt. Alle Kerzenleuchter in der Kirche sind mit brennenden Kerzen bestückt, der schlichte Raum ist in ihr warmes flackerndes Licht getaucht. Schon vor Beginn des Gottesdienstes singen die Mitglieder der Kommunität in der Kirche – sie proben die Lieder für den Gottesdienst und verbreiten eine fröhliche Stimmung, denn diese Lieder sind keine alten Choräle, sondern flotte Melodien mit Elementen der alten, keltisch inspirierten Volksmusik. Der Gottesdienst folgt keiner festen Liturgie, er ist offen gestaltet. Viele Mitglieder der Community bringen sich ein: Einer liest einen Bibeltext, ein weiterer macht eine Kerzenmeditation, ein dritter erzählt eine Geschichte und teilt seine Gedanken dazu mit uns. Und gemeinsam beten wir die alten Gebete – wie die von Columcille:

Ich will dich preisen, allmächtiger Gott,
deine Macht reicht weit über Land und Meer hinaus.
Deine Engel überwachen alles.
Lass mich heilige Bücher lesen, um meine Seele
zu beruhigen. Gib mir Frieden – bete ich auf Knien
vor den Himmelstoren.
Meine tägliche Arbeit soll gelingen,
wenn ich Seetang sammle, Fische fange
und Nahrung an die Armen verteile.
Ich möchte täglich zu dir beten und dir betend singen.
Manchmal auch leise, aber immer in Dankbarkeit
zu meinem Gott.
Es ist herrlich, auf einer ruhigen Insel
in einer stillen Kammer zu leben,
und dem König der Könige zu dienen.
Amen.

Columcille

Wir kommen zur Ruhe mit und in diesen Gottesdiensten. Und wir fühlen uns mit den anderen Gästen und der Community vereint – wir sind eine Gemeinschaft, die nicht durch starre Regeln miteinander verbunden ist, sondern die jeden Tag neu darüber entscheidet, wie sie ihren Dialog mit Gott lebendig gestaltet.

Und noch ein neues Ritual lernen wir kennen: die Pilgrimage. Immer mittwochs findet sie auf Iona statt und auch wir nehmen daran teil. Wir treffen uns mit den anderen „Pilgern" am St. John's Cross zu einer kleinen Reise über die Insel. Gemeinsam betrachten wir das Kreuz, singen dort ein Lied und wandern dann schweigend zu entscheidenden Orten auf der Insel: der Strand, an dem Columcille einst mit seinen Gefährten die Insel betreten hat, gehört dazu, aber auch ein Ort, den Columcille oft zum Gebet aufsuchte. Wir nehmen am Strand einen Stein und werfen ihn ins Wasser – er symbolisiert alles Alte, was wir loslassen wollen. Und wir nehmen einen Stein von demselben Strand mit als Zeichen für das Neue, das wir von hier wieder mit nach Hause nehmen. Wir hören die Texte, die uns ein Mitglied der Community vorliest, und in einer Kapelle singen wir ein Dankes- und Loblied. Die Wegstrecken legen wir schweigend zurück. Wir spüren den Wind und einige Regentropfen, das Meer rauscht laut, es ist Flut. Wir tauchen ein in die Natur, in die Gegenwart Gottes. Als wir zurückkommen, sind wir still geworden und in uns gekehrt. Das Schweigen hat uns auch innerlich ruhig gemacht, sodass wir den restlichen Tag mehr oder weniger schweigend verbringen.

Pläne für die Zukunft

Was Ilona und ich auf Iona und in der Kommunität erleben, geht uns sehr nahe. Wir sehnen uns nach einem Ort der Gemeinschaft – nach einem Ort, der zwar mitten in der Zivilisation liegt, aber dennoch Ruhe ausstrahlt, nach einem Ort, der eine Verbindung zwischen alten und jungen Menschen herstellt und sie voneinander lernen lässt. In der Iona Community treffen wir ein älteres Ehepaar aus New York, beide sind Rentner. Er transportiert die Koffer der ankommenden Gäste, sie kümmert sich um die Zimmer – ehrenamtlich. Sie tun dies, weil sie gerne Kontakt mit anderen Menschen haben und weil sie etwas von dem, was sie selbst in ihrem Leben gelernt, erfahren und erreicht haben, an nachfolgende Generationen weiterreichen wollen. Im Gespräch mit ihnen erfahren wir: Der Mann war Pastor, und er und seine Frau träumten viele Jahre davon, einmal nach Iona zu kommen, denn sie hatten sich lange und ausgiebig mit den iro-schottischen Mönchen beschäftigt. Uns imponiert, wie die beiden ihr Neuland betreten haben. Eigentlich hätten sie sich zurücklehnen können und ihr Rentnerdasein genießen, stattdessen haben sie sich auf den Weg nach Iona gemacht, ohne zu wissen, wo sie landen, wie sie mit der ungewohnten Kultur und dem neuen Lebensstil zurechtkommen würden. Und obwohl sie das alles nicht wussten, verließen sie dennoch ihre Komfortzone, übernahmen Verantwortung und ließen sich darauf ein, die Koffer anderer Leute umherzutragen und deren Zimmer zu reinigen.

Was mich besonders fasziniert: Genau damit greifen sie die Gründungsidee der Iona Community wieder auf. George MacLeod, der Gründer der Community, brachte vor 70 Jahren Pfarrer und Handwerker zusammen, die die Abtei wiederaufbauten. In seinen Augen sollte sich ein Pastor nicht zu schade sein, mit seinen Händen zu arbeiten, und ein Handwerker sollte stets auch das geistige Element seiner Arbeit im Blick behalten. Der Pastor und seine Frau setzen nun, 70 Jahre später, das um, was schon immer eine Grundregel der Community war – sie geben also nicht nur das weiter, was sie selbst erfahren haben, sondern auch das, was die Iona Community ihnen mit auf den Weg gegeben hat. Ilona und ich werden bald 50 – auch uns bewegt der Gedanke, wie wir das, was wir aufgebaut haben, vor allem unseren Erfahrungs- und Wissensschatz, an andere Menschen weitergeben können, wie wir junge Menschen coachen können.

Und noch etwas bewegt uns sehr, es ist das ehrenamtliche Engagement der Menschen in der Iona Community. Es zeigt uns, dass in dieser Kommunität, in dieser Gemeinschaft ein Feuer steckt. Ein sehr lebendiges, starkes Feuer, das mindestens seit der Ankunft Columcilles auf dieser Insel leuchtet. Es wird von Generation zu Generation weitergereicht und motiviert Menschen, ganz ohne kommerzielle Interessen dienstbereit zu sein. Sie sind bereit, ihre Lebenszeit für andere einzusetzen und Wissen und Energie weiterzugeben. Sie haben dienende Herzen und achten den anderen höher als sich selbst. Woraus sich nicht zuletzt auch erklärt, dass soziale Gerechtigkeit in der Iona Community ein großes Thema ist. Sie setzt sich für eine gerechte Verteilung der Ressourcen auf der Welt ein, kämpft gegen Diskriminierung von Minderheiten und übernimmt damit eine gesunde gesellschaftliche Verantwortung.

Auf Iona haben wir das Gefühl, einfach nur sein zu dürfen. Wir müssen keine Rolle spielen. Welchen Status die Besucher hier haben und mit welchen Symbolen für diesen Status sie sich sonst auch schmücken mögen – hier interessiert das niemanden. Aus welchem Leben man kommt, wer man zu Hause ist und was man hat – Nebensache. Wenn die Angehörigen der Kommunität und ihre Besucher gemeinsam in der Kapelle sitzen, dann zählt nur der Moment. In diesem Moment ist nur die Beziehung wichtig, die jeder einzelne zu seinem Schöpfer hat. Ich fühle in diesen Momenten in der Kapelle immer eine große Erleichterung. Ich darf der sein, der ich bin. Ich brauche keine Masken, keine schicke Kleidung – auf Iona reicht es einfach, den Wind zu spüren, die Seeluft zu riechen, Regen und Sonne zu erleben. Auf dem Neuland, das wir entdecken, lassen wir allen Ballast hinter uns. Zwar müssen wir irgendwann wieder zurück in unseren Alltag, wir können nicht hier bleiben. Aber wir gehen mit dem guten Gefühl, viel von dem, was uns bisher aufgehalten hat, dalassen zu können.

Wir fahren hinaus auf die irische See, um nachzuspüren, wie es den ersten Mönchen erging, die auszogen, um neues Land zu entdecken.

Auf dem Hill of Slane entzündete Patrick das erste christliche Osterfeuer.

Im Tal von Glendalough lebte Kevin – einer der Nachfolger von Patrick – als Eremit, bis der Ort zu einem geistlichen Zentrum wurde.

Die Abtei von Iona

Ilona und Rainer Wälde

Kreuzgang
der Abtei Iona

Lindisfarne
Ruinen der alten Abtei

Die Gezeiten bestimmen das Leben auf der Insel Lindisfarne.

Nächste Seite: Aidan und Cuthbert, Glasfenster in der St. Aidan Kirche von Bamburgh.

Die Sehnsucht spüren

Was uns antreibt, immer wieder aufzubrechen und eine Reise zu wagen, ist letztlich unsere Sehnsucht. Jeder Mensch kennt immer beides: das Gefühl von Heimat und das Fernweh, die Sehnsucht, anderswo Neues zu erleben, anderswo sich selbst und das Leben auf neue Weise zu finden. Die Sehnsucht ist ein Grundexistenzial des Menschen. Der heilige Augustinus definiert den Menschen als den, der sich sehnt. Diese Sehnsucht treibt uns an, nach Erfolg, nach Glück, nach Liebe zu suchen. Aber zugleich steckt in der Sehnsucht etwas, was über diese Welt hinausgeht. Kein noch so großer Erfolg, keine noch so große Liebe kann unsere Sehnsucht stillen. Letztlich vermag nur Gott unsere Sehnsucht zu erfüllen.

Das lateinische Wort für Sehnsucht heißt: desiderium. Es hängt mit den Sternen – lateinisch: sidera – zusammen. Unsere Sehnsucht richtet sich also auf die Sterne. Sie geht über diese Welt hinaus. Wenn wir auf unserer Reise hinauf zu den Sternen schauen, so spüren wir diese Sehnsucht. Es ist zum einen die Sehnsucht nach der Heimat. Das deutsche Volkslied „Heimat, deine Sterne", in dem besungen wird, dass in der Fremde die gleichen Sterne über mir leuchten wie in der Heimat, drückt dies aus. Aber der Blick zu den Sternen ist nicht nur ein Blick zurück zur Heimat, es ist auch ein Blick in das Unbekannte, in das, was über meiner konkreten Welt leuchtet. Es ist letztlich das Ausschauhalten nach Gott, der wie ein Stern am Horizont meines Herzens leuchtet und meine Sehnsucht anstachelt.

Die Weisen aus dem Osten – so berichtet uns Matthäus in seinem Evangelium – haben den Stern nicht nur am Horizont des Himmels, sondern am Horizont ihres eigenen Herzens aufleuchten sehen. Sie sind aufgebrochen und dem Stern gefolgt. Sie sind den Weg ihrer

Sehnsucht gegangen. Und dieser Weg hat sie zu dem göttlichen Kind in der Krippe geführt. Dort sind sie niedergefallen und haben es angebetet. In diesem Niederfallen sind sie angekommen, heimgekommen, haben sie das Ziel ihrer Sehnsucht erfahren.

Die Sehnsucht ist die Spur, die Gott in unser Herz gegraben hat. Viele beklagen sich darüber, dass sie Gott nicht spüren. Die Sehnsucht aber können wir immer in uns spüren. Wir brauchen nur stehen zu bleiben und unsere Hände an unser Herz zu legen, dann spüren wir nicht nur die Wärme, die dabei entsteht. Wir kommen vielmehr mit unserer Sehnsucht in Berührung. Oft ist unsere Sehnsucht diffus. Es ist die Sehnsucht nach Heimat, nach Geborgenheit, nach Liebe, nach Erfüllung, nach Glück. Wenn wir dieser Sehnsucht folgen, führt sie uns über uns selbst hinaus auf Gott hin.

Wir können Gott oft nicht wahrnehmen, aber die Sehnsucht können wir immer spüren. In unserer Sehnsucht nach Gott befindet sich bereits Gott. Somit können wir in unserer Sehnsucht die Spur Gottes in unserem Herzen spüren. Wenn wir mit dieser Sehnsucht in Berührung sind, dann treibt sie uns an, immer weiter zu wandern. Wir werden dann auf unserer Reise spüren, dass alles, was wir erleben, noch nicht die Erfüllung unserer Sehnsucht ist. Aber alles, was uns auf unserer Reise berührt, bringt uns in Berührung mit der Sehnsucht nach dem Geheimnis, mit der Sehnsucht nach Gott.

Der heilige Augustinus spricht davon, dass die Wanderer auf ihrer Wanderschaft die Liebeslieder ihrer Heimat singen. Das nimmt er als Bild für uns Christen, die wir hier in der Fremde die Psalmen als Liebeslieder unseres himmlischen Vaterlandes singen. Wir befinden uns beständig auf dem Weg. Und auf diesem Weg treibt uns die Sehnsucht weiter und weiter. Auf dem Weg singen wir die Lieder unserer Heimat. Und wir hören die Lieder der Fremde.

Die Gesänge der irischen Mönche berühren unser Herz. Unsere eigenen Lieder und die Lieder der Fremde bringen uns in Berührung mit der Sehnsucht, die uns immer wieder antreibt weiterzugehen, bis wir am Ziel der Reise angekommen sind. Aber dieses Ziel ist nicht das Ziel, das wir uns auf dem Atlas ausgesucht haben. Es ist letztlich das Ziel unseres Lebens, die ewige Heimat bei Gott.

Anselm Grün

Folge der Spur! Entscheide dich!

Kapitel 4

Im siebten Jahrhundert kommt der englische Prinz Oswald in die Abtei auf Iona. Sein Vater hatte den Thronfolger dorthin ins Exil geschickt, um ihn zu schützen – denn ein anderer hatte die Herrschaft an sich gerissen. Auf Iona trifft Oswald den Mönch Aidan und konvertiert zum Christentum. Dies ist der Beginn einer lebenslangen Freundschaft zwischen Mönch und späterem König. Nach dem Tod seines Vaters reist Oswald in seine Heimat Northumbria. In der Schlacht von Heavenfield besiegt er seine Feinde und erobert den Königsthron zurück. Sein Machtanspruch ist gesichert. Er ist rechtmäßiger König seines Landes. 635 bittet er das Kloster auf Iona, ihm einen Mönch zu schicken, und die Brüder entscheiden, Aidan zu senden. So kommt er an Oswalds Hof, von wo aus Aidan die Menschen missionieren und sie mit dem Evangelium in Kontakt bringen soll.

Diese Missionsarbeit der irischen Mönche war gänzlich unreligiös, pragmatisch und vor allem gewaltfrei. Die Mönche zogen durch das Land, sprachen mit den Menschen und halfen ihnen, Wege aus ihrer Armut und Not zu finden, die damals überall herrschte. Sie wollten die Menschen mit Taten für ihren Glauben gewinnen, nicht mit Macht und Einfluss von oben. Und so ist es nicht verwunderlich, dass Aidan seinem Freund erst einmal einen Korb gibt: Er will zwar gerne nach Northumbria kommen und die Menschen dort missionieren, aber nicht am Königshof wohnen. „Ich komme von einer Insel, und ich will wieder auf einer Insel leben", das sind Aidans Worte zum König. Und so zieht Aidan auf die gezeitenabhängige Insel Lindisfarne in Sichtweite des Königsschlosses, direkt vor der Nordostküste Northumbrias. Schroff ragt der Felsen mit der uralten Festung aus dem Meer, dahinter liegen die Ruinen der alten Abbey. „Holy Island" – so wird Lindisfarne noch heute genannt. Und auf dieser heiligen Insel hat Aidan täglich seine immer wiederkehrenden Zeiten der Ruhe und des

Rückzugs – nämlich immer dann, wenn die Flut die Insel vom Festland abschneidet. Aidan weiß, dass er nur dann seine Ziele erreichen kann, wenn er sich in Phasen der Stille, des Rückzugs und der Ungestörtheit erholen kann. Entschieden folgt er dem Weg, den er als richtig erkannt hat.

Ich möchte allein sein mit meinem Gott,
so viel ich vermag.
So wie die Flut die Küste umspült,
so lass mich eine Insel sein,
die sich abhebt und ausgrenzt.
Alleine mit dir, Gott; und dir geheiligt.
Wenn die Ebbe kommt, so bereite du mich
auf meine Aufgabe in der hektischen Welt,
auf der anderen Seite, vor.
Diese Welt, die auf mich einstürzt,
bis die Flut wieder steigt
und mich wieder mit dir zusammenbringt.
Aidan

Das „Aidan-Prinzip“ – so nennen wir von nun an den Wechsel zwischen Phasen der Aktivität und Zeiten der Stille – hat etwas sehr Gesundes, etwas, von dem wir heute noch lernen können. Das empfinden Ilona und ich sehr stark, als wir Aidans Spuren von Iona nach Lindisfarne folgen. Aidan nutzte den Rhythmus der Natur. Es gab für ihn immer wieder diese Phasen, in denen er für die Dinge des Alltags nicht erreichbar war. Herrschte Flut, zog er sich auf seine Insel zurück, betete dort oder ruhte. Ilona und ich reisen nach Lindisfarne, um zu erleben, wie die Flut kommt und eine Rückkehr zum Festland unmöglich macht. Lindisfarne ist heute eine touristische Insel. Es herrscht einiger Trubel, viele Menschen kommen, um die „Heilige Insel“ zu besuchen und den Wurzeln ihres Glaubens näherzukommen – aber immer nur während der Ebbe. Sobald die Flut einsetzt, sind sie wieder weg und man kann die Ruhe und Stille wunderbar genießen.

Vor den Klostermauern steht auf einem Steinsockel eine moderne Skulptur von Aidan. Er hält seinen Bischofsstab in den Händen und schaut mit fast verklärtem Blick in die Ferne, ein keltisches Kreuz steht hinter ihm, ihn noch überragend. Die steinerne Skulptur bildet Aidan als einen sehr schmalen, asketisch wirkenden Mann ab. Ich bleibe oft vor dieser Figur stehen und schaue mir sie genau an. Was für ein Mensch war Aidan? Hat die Künstlerin ihn gut getroffen? Hat sie sein Wesen erfasst? Der Bischofsstab aus Metall wirkt kalt und sachlich gegen den verwitterten und mit Flechten bewachsenen Stein. War Aidan auch so – eher kühl und sachlich?

Die Skulptur steht an einem erhöhten Punkt der Insel, ich habe von hier einen wunderbaren Rundblick nach allen Seiten. Hinter Aidans Skulptur liegt die Ruine der Abtei, der Friedhof mit seinen Steinen, den keltischen Kreuzen und dem grünen Gras. Ich kann das Meer und die Wellen sehen, und ich stelle mir vor, dass auch Aidan hier stand und diesen Ausblick genossen hat. Vielleicht hat er sich hier dem Himmel ein Stück näher gefühlt. Auch nachts gehe ich einmal zur Skulptur. Es ist dunkel und totenstill. Nach einem erfüllten Tag hier zur Ruhe und zur Stille zu kommen, tut mir gut. Die frische und kühle Abendluft belebt mich. Ich spüre mein Herz, spüre mich selbst, spüre den inneren Frieden, der sich in mich senkt.

Herr, mache dieses karge Land zu einem Ort des Friedens.
Mögen die Männer, die deinen Willen tun,
hier Frieden stiften.
Mögen die Brüder, die einander dienen,
hier Frieden stiften.
Mögen die heiligen Mönche,
die dir gehorsam sind,
hier Frieden stiften.
Möge bei Dunkelheit und bei Tageslicht
der Friede des Gotteslobs erklingen.
Möge diese Insel deine heilige Insel sein.
Ich, Herr, dein Diener Aidan,
bitte dich darum.
Mache es zu deinem Anliegen, Herr.

Aidan

Gemeinsam mit Ilona überlege ich während unseres Aufenthalts auf Lindisfarne, wie wir das Aidan-Prinzip auf unser Leben übertragen können und beschließen, in Zukunft nicht mehr allzeit erreichbar sein zu wollen. Schließlich geht die Welt nicht unter, wenn wir nicht jeden Anruf sofort annehmen und jede E-Mail gleich lesen und beantworten. Wozu gibt es schließlich Anrufbeantworter? Und E-Mails verfallen nicht, wenn man sie erst ein paar Stunden oder gar einen Tag später öffnet. Auch mit unseren Handynummern wollen wir in Zukunft vorsichtiger umgehen: Nicht jeder muss sie kennen. Und ich werde meine Mails nicht mehr auf mein Smartphone weiterleiten lassen. Wir müssen an einen ehemaligen Nachbarn von uns denken, der heute in Singapur lebt und dort für einen großen Konzern arbeitet. Er hat täglich Kontakte zu Geschäftspartnern auf allen Kontinenten und in allen Zeitzonen. Das führt dazu, dass er rund um die Uhr erreichbar sein muss und auch tatsächlich rund um die Uhr Anrufe und E-Mails bekommt – selbst wenn er schläft, lässt er das Handy an. Ich kann mir nicht vorstellen, dass er das auf Dauer aushält – wann soll er seine Batterien wieder aufladen? Wie wieder zu Kräften kommen? Stille, das Nichtstun macht vielen Angst. Sie können die Ruhe nicht ertragen, denn wenn sie nicht abgelenkt sind, kommen viele Gedanken hoch, die sie lieber verdrängen. Das hält uns davon ab, stehen zu bleiben und eine Entscheidung zu treffen.

Reichtum für Gottes Kinder

Im Lauf seines Lebens wird Aidan fast populär. Er hat Charisma und Ausstrahlung. Die Menschen kommen zu ihm auf die Insel. Wenn sie bei ihm sind, spüren sie die Gegenwart Gottes. Und Aidan zieht mit seinen Mönchen durch die Orte Northumbrias, um mit den Menschen zu sprechen und ihnen zu helfen. Damit er bequem und schnell reisen kann, schenkt König Oswald ihm ein Pferd – das Aidan aber bei erstbester Gelegenheit einem Bettler überlässt. Der König versteht Aidan nicht: „Warum gibst du mein Geschenk her?“, will er von Aidan wissen. „Du kannst es doch gut gebrauchen!“ Aidan ist in seiner Antwort klar und eindeutig: „Ist dieses Kind einer Stute wertvoller als ein Kind Gottes?“ Er macht damit dem König deutlich, dass es für ihn wichtiger ist, seinen Reichtum mit den Armen zu teilen als schnell und bequem von einem Ort zum anderen reiten zu können. Der König entschuldigt sich bei ihm. „Ich werde diesen Vorfall nie wieder erwähnen, noch je wieder fragen, wie viel du von unserem Reichtum an Gottes Kinder verschenkst.“

Und auch diese Geschichte über Aidan und den König hat eine Botschaft für uns: Selbst wenn technische Innovationen verlockend und sinnvoll erscheinen – mitunter ist es sinnvoller, bei seinem langsamen Tempo zu bleiben. Aidan war es wichtig, auf Augenhöhe mit den Menschen zu sein, die er für den christlichen Glauben gewinnen wollte. Von einem Pferd herunter wäre ihm das nicht gelungen. Da er sich aber zu Fuß bewegte, wie alle anderen auch, begegnete er ihnen nicht von oben herab, sondern auf derselben Ebene. Wer zu Fuß unterwegs ist, achtet mehr auf den Weg. Der Weg auf den Gipfel eines Berges dauert seine Zeit, es ist mühsam, zu Fuß voranzukommen. Täler werden Meter für Meter langsam durchquert. Wenn der Weg schwierig ist, muss jeder Tritt sitzen. Aber das Wichtigste: die Seele kann Schritt halten. Heute bin ich jemand, der das langsame Reisen schätzt und liebt – Schiffsreisen zum Beispiel. Ich genieße es, eine Strecke von 1.000 Kilometern in mehreren Tagen zurückzulegen und nicht in 1,5 Stunden mit dem Flugzeug. Wenn ich langsam reise, nehme ich meine Umwelt intensiver wahr und zehre auch länger von der Reise und den Dingen, die ich unterwegs gesehen und erlebt habe. Sie bleiben länger bei mir.

Als Aidans Popularität immer größer wird, zieht er sich noch stärker zurück. Er folgt dem Weg, der ihm gewiesen wird und entscheidet sich, ganz alleine auf einer kleinen Insel zu leben – für ein bis zwei Jahre. Was Ilona und ich auf Lindisfarne wieder einmal deutlich spüren und erfahren: Solche Auszeiten sind lebensnotwendig. Sie gehören wie die Gezeiten zum Leben. Selbst Phasen von Krankheit oder wirtschaftlicher Krise können dazugehören und dem Leben wertvolle Impulse geben – sie sind eine Chance für einen Neubeginn oder eine Neuausrichtung des Lebens. Als Selbstständige erleben wir das oft. Wir haben Jahre, in denen wir viele, viele Seminarteilnehmer an unserer Akademie haben, wir haben aber auch Jahre, in denen vielleicht nur die Hälfte der erwarteten Teilnehmer kommt. Bei uns herrscht mal Ebbe, mal Flut und auch mal eine Sturmflut. Dieser Wechsel, dieses unterschiedliche Maß ist für uns aber durchaus positiv, denn es geht ja auch mit dem Wechsel von Belastung und Entlastung, von Anspannung und Entspannung einher. Entscheidend ist: Wenn wir weniger Teilnehmer haben, finden wir die Zeit und die Ruhe, neue Dinge zu entwickeln. Wenn wir vom Tagesgeschäft überrollt werden, können wir uns dazu keine Gedanken machen. Und das rächt sich auf Dauer. Schließlich wollen wir unser Unternehmen weiterentwickeln, um unseren Kunden auch in Zukunft inspirierende und spannende Angebote machen zu können.

Aidan hat in seinem Leben noch etwas Beeindruckendes getan: Er ging bei seiner Planung nicht von dem aus, was der König von ihm wollte, sondern von dem, was er selbst brauchte, und das waren eben jene Phasen der Stille und der Ruhe. Sie waren ihm heilig. Und so sollten auch für uns heute diese Phasen der Erholung, der Regeneration heilig sein und oberste Priorität haben. Nicht die Arbeit, nicht die Verpflichtungen vielmehr die freien Zeiten nur für uns sollten das sein, was wir als erstes in den Kalender eintragen. Ich gebe es zu: Eine freizeit- oder sabbatical-orientierte Planung steht in einem gewissen Wiederstreit mit meiner süddeutschen Herkunft. Da, wo ich herkomme, hat die Arbeit oberste Priorität. Erholung ist dort etwas, was ganz zum Schluss kommt. Aidan hatte andere Maßstäbe. Sicher, er unterwarf sich damit auch den naturgegebenen Regeln von Ebbe und Flut. Das müssen wir heute nicht mehr. Aber, wir können uns diese Regeln selbst schaffen und setzen. Wir können „Nein!" sagen. Und wir müssen nicht durch alle offenen Türen hindurchgehen. Nur so schaffen wir es, bei uns zu bleiben, auf unserer Spur zu bleiben, unsere Kraft zu erhalten und das zu leisten, was wir uns vorgenommen haben.

Auch Aidan hat das geschafft. Er hat sein Ziel erreicht. Er hat England christianisiert. Seinen Glauben, seine Überzeugung, seine Lebensweise hat er in das Land hineingetragen. Er war einer, der entschieden seinen Weg ging. Das wurde für viele andere entscheidend. Sein ganzes Leben erzählt eine Geschichte, mehr als manche Predigt. Er hat Spuren gelegt für die, die nach ihm kamen. Lindisfarne wurde zu seinen Lebzeiten ein Zentrum der christlichen Kultur und Kunst. Es wurde so etwas wie eine Eliteschmiede. Aidans Wirkungskreis war größer als der von Columcille auf Iona. Und Aidan wird bis heute als Heiliger verehrt – seinetwegen kommen auch so viele Menschen nach Lindisfarne. Er ist der Mann, der den Engländern ihren Glauben gebracht hat.

Ein Kreis schließt sich

Nicht nur auf Iona und Lindisfarne folgen wir den Spuren der Mönche. Schon während unserer Weltreise per Schiff spielte das, was andere Menschen glauben, für uns eine große Rolle. Das galt besonders für Ilona: Für sie waren die Weltreligionen die große Spur der Reise. Hinduismus, Shintoismus, Buddhismus, Islam – sie wollte ganz genau wissen, welche Philosophie hinter dem jeweiligen

Glauben steckt, welches Menschenbild ihm zugrunde liegt, was die Religion für ihre Anhänger anziehend macht. Wir diskutierten mit Menschen, besuchten Tempel und beobachteten Gläubige dabei, wie sie ihre Religion lebten.

Auch während unseres Aufenthaltes auf Lindisfarne schauen wir sehr genau hin, kommen ins Nachdenken, und uns fällt auf: Das Christentum, so wie es heute viele Menschen leben, ist eine recht formelhafte und starre Religion, die sich stark auf Rituale wie Taufe oder Beerdigung begrenzt.

Der Glaube der irischen Mönche aber zieht keine Grenze zwischen Alltag und Sonntag. Aidan feierte keine starren Gottesdienste – er lebte seinen Glauben im Alltag. So wie Jesus Christus auch. Heute würde man sagen: Dieser Glaube war ganzheitlich. Und genau das macht auch den Unterschied zwischen lebendigem Glauben und Religion aus. Der lebendige Glaube integriert Gott in das Leben und in den Alltag. Religion dagegen beruht auf Pflichterfüllung.

An dieser Stelle schließt sich für Ilona und mich ein Kreis: Unsere Weltreise und die Reise auf den Spuren der irischen Mönche sind hier miteinander verbunden. Das, was wir auf Iona und auf Lindisfarne erleben, ist unreligiös, ist lebendig. Es ist unser Modell für die Zukunft, und wir glauben: nicht nur unseres. Denn wir beobachten schon lange in unserem Umfeld und in der Öffentlichkeit, dass die Menschen „amtskirchenmüde" geworden sind. Sie fühlen sich deshalb immer stärker von konfessionsübergreifenden Kommunitäten wie in Iona oder im burgundischen Taizé angezogen. Dort finden Sie genau diese Ganzheitlichkeit, die ihnen in ihrer Religion fehlt.

In diesem Zusammenhang denke ich auch an das Buch „Warum ich wieder bete" von Christine Eichel. Darin schreibt die Autorin nachvollziehbar und eindringlich, wie es geschehen konnte, dass Religiosität und vor allem das Gebet in den letzten Jahrzehnten fast schon tabuisiert wurden – und wie sie selbst wieder zur alten Glaubenspraktik des Betens zurückfand. Beten ist für Christine Eichel das, was es für die irischen Mönche auch war: eine ungeheure Energiequelle für das Leben. Und genauso sehe ich es auch. Ein Gebet ist nichts, was man in eine Kirche einsperren sollte. Es ist ein Dialog mit Gott, der an keinerlei Form gebunden ist. Es gibt weder eine Mindest- noch eine Höchstzahl der zu absolvierenden Gebete. Man muss dazu weder die Augen schließen noch die Hände falten. Ich rede in jeder Situation meines Lebens mit Gott, meinem Schöpfer. Es braucht dazu keine Reime und auch keine schönen Worte. Ich rede mit Gott einfach so wie von Mensch zu Mensch und entscheide mich, seiner Spur zu folgen.

Vater, ich bin überwältigt
von den vielen Eindrücken auf meiner Reise.
So wie Aidan sehne ich mich nach Ruhe.
Die Gezeiten inspirieren mich.
So wie Lindisfarne zweimal am Tag
von der Außenwelt abgeschnitten ist,
wünsche ich mir auch Phasen der Ruhe
und Erholung zu Hause in meinem Alltag.
Ich weiß noch nicht genau, wie das gehen soll.
Deshalb brauche ich deine Anleitung,
deine Inspiration.
Zeige mir, wie das gehen kann …

Einer Spur folgen

Wer in ein neues Land kommt, ist zunächst fasziniert von all dem Neuen, das ihn erwartet. Doch zu leicht verzetteln wir uns. Wir gehen hierhin und dorthin, aber wir bekommen nur die Oberfläche mit von dem, was das neue Land uns zeigt. Deshalb ist es wichtig, einer Spur zu folgen und auf dieser Spur zu spüren, was das Geheimnis dieses Landes und seiner Leute ist. Es braucht die Entscheidung, dieser einen Spur zu folgen. Wir können nicht alles auf einmal erleben. Jede Entscheidung für eine Spur ist eine Entscheidung gegen eine andere. Die Spur, der wir nicht folgen können, müssen wir betrauern. Nur dann können wir uneingeschränkt der gewählten Spur folgen. Wer nach seiner Entscheidung dem nachtrauert, was er nicht lebt, der lebt auch seine Entscheidung nicht. Der fährt in ein fernes Land, und sobald er es betreten hat, bereut er es. Vielleicht wäre die Reise in ein anderes Land besser gewesen. Nur dieses Nachtrauern hindert ihn letztlich daran, das Land, das er betreten hat, auch zu erforschen.

Das deutsche Wort „Spur“ kommt ursprünglich aus der Jagdsprache. Der Jagdhund folgt einer Spur, der Spur des Lebens, die ein Wild hinterlassen hat. Wenn wir in ein Land reisen, folgen wir den Spuren des Lebens, die wir in diesem Land wahrnehmen. Aber wir können nicht allen Spuren folgen. Würde dies der Jagdhund tun, würde er nie das Wild einholen. Deshalb sollen wir wie der Jagdhund Witterung aufnehmen und uns dann entscheiden, welcher Spur wir folgen wollen. Diese Spur will uns zum Leben führen, zu dem Leben, das in diesem Land seine Spuren hinterlassen hat. Diese Begegnung mit dem Leben wird uns lebendiger machen, wird uns beschenken.

Die Spur des Hasen, der der Jagdhund durch alle Dornen und über alle Hindernisse folgt, bis er ihn endlich erreicht, ist für die frühen Mönche – wohl auch für die irischen Mönche – ein Bild für unsere Suche nach Gott. Gott ist die eigentliche Spur, der wir nachspüren sollen. Und wie der Hund sich auch von Dornen nicht abhalten lässt, seiner Spur des Lebens zu folgen, so sollen wir uns in unserem Leben nicht abhalten lassen, der Spur Gottes zu folgen, bis wir ihn gefunden haben. Aber Gott finden wir nie so, dass wir ihn ein für alle Mal besitzen. Wir erahnen Gott immer nur, wir berühren seinen Zipfel. Dann entzieht er sich uns wieder, damit wir ihm von Neuem nachfolgen und seiner Spur weiter nachspüren.

Die Spuren der irischen Mönche, denen wir nachspüren, führen uns letztlich immer zu Gott. Sie lassen uns etwas erahnen von der Faszination, die Gott auf die irischen Mönche ausgeübt hat. Sie haben ihr ganzes Leben aufs Spiel gesetzt. Sie sind der einen Spur Gottes gefolgt und haben alle anderen Spuren des Lebens links liegen gelassen. Oder anders ausgedrückt: Die vielen Lebensspuren haben sie immer mehr auf die Spur Gottes gebracht. In jeder Lebensspur haben sie etwas von der Spur Gottes gespürt, der diese Spur in unsere Welt und in unser Herz eingegraben hat.

Für mich ist es bei jeder Reise wichtig, mich zu fragen, wie die Menschen in diesem Land ihr Leben verstehen und welcher Sehnsucht sie folgen, wie sie nach Gott suchen und was Gott für sie ist. In der Begegnung mit den Menschen frage ich mich stets, wie sie ihr Leben wohl meistern, woraus sie leben und wonach sie suchen. Letztlich suchen alle Menschen nach Gott.

Aber nicht immer spüren wir diese Suche nach Gott so radikal wie bei den irischen Mönchen. Ihre Kirchen, ihre Spuren, die sie durch ihre Bauten, durch ihre Kunst und durch ihre Schriften in diese Welt eingegraben haben, lassen uns etwas erahnen von dem Geheimnis Gottes, dem sie ihr Leben lang nachgegangen sind, ohne je ihre Spur zu verlassen, die sie zu Gott geführt hat und die auch uns zu Gott führen möchte, wenn wir ihr genauso konsequent folgen, wie sie es taten.

Anselm Grün

Nimm Abschied!

Kapitel 5

Wenn ich das Wort „Abschied“ vor meinem inneren Auge bewege, denke ich zunächst an traurige Abschiede von Menschen, die mir wichtig waren, an tränenreiche Momente des Loslassens, an Zeiten der Trauer. All das kann zu einem Abschied gehören. Aber: Abschiede bergen ebenso wie Krisen immense Chancen. Chancen für einen unbelasteten Neubeginn

An einem milden Abend auf Lindisfarne blicke ich auf die Ruinen der Abtei. Ich genieße die letzten Strahlen der Abendsonne und hänge meinen Gedanken nach. Die Flut ist gekommen und mein Blick schweift Richtung Südosten übers Meer. In der Ferne ragt eine kleine Insel aus dem Wasser – im Licht der untergehenden Sonne sieht es fast so aus, als tauche sie langsam auf. Ich erkenne einen Hügel auf dieser Insel, ein Haus, ein großes Kreuz. Diese Insel gehört sicher zu den Farne Islands, vielleicht ist es sogar Inner Farne. Dort lebte von 676 bis 684 Cuthbert von Lindisfarne, einer der Nachfolger Aidans.

Cuthbert stammte aus einfachen Verhältnissen: Während seiner Kindheit arbeitete er als Schafhirte. In einer Nacht, die er wie viele andere unter freiem Himmel verbrachte, hatte Cuthbert eine Erscheinung: Er sah, wie der dunkle Nachthimmel auf einmal von einem Lichtstrom erhellt wurde, eine Schar Engel niederkam und auf dem Rückweg eine „Seele von großer Helligkeit“ mit sich nahm. Am anderen Tag erfuhr Cuthbert, dass Aidan, der Bischof von Lindisfarne, genau in dieser nächtlichen Stunde gestorben war. Dieses Erlebnis sollte sein Leben verändern. Cuthbert trat in das Kloster Melrose ein, ging später nach Ripon und kam dann – als Prior – wieder zurück nach Melrose. 664 folgte Cuthbert dann schließlich einem Ruf nach Lindisfarne. 676 traf er dort die Entscheidung, für einige Jahre als Einsiedler auf der kleinen Insel Inner Farne zu leben. Cuthbert nahm Abschied – von Lindisfarne, vom Klosterritus, vom Leben in Gemeinschaft mit den anderen Mönchen.

In meinen Augen war Cuthbert ein sehr mutiger Mann, der in Aidan zwar sein großes Vorbild sah, aber nicht einfach so in dessen Fußstapfen treten wollte. Er suchte vielmehr in der Einsamkeit und in der Abgeschiedenheit seiner Eremitage nach Antworten auf seine Fragen, die ich versuche mir vorzustellen. Vielleicht hat sich Cuthbert gefragt: Welche Rolle werde ich in Zukunft einnehme? Was ist mein Dienst in diesem Kloster? Was bedeutet mir das hohe Amt? Werde ich es genauso ausüben wie mein Vorgänger? Oder entwickle ich mein eigenes Konzept? Dieses Nachdenken Cuthberts ist für mich ein gutes Symbol für den Neubeginn, der in jedem Abschied steckt: Cuthbert wusste, dass er sich in seinem Leben von Altvertrautem lösen musste, wenn er eine neue Perspektive gewinnen wollte.

Mein geliebter Herr, sei du eine helle Flamme vor mir.
Sei du mein Leitstern über mir.
Sei du der geebnete Weg unter mir.
Sei du der freundliche Hirte hinter mir,
heute und für alle Ewigkeit.

Cuthbert

Lass los!

Diese Erkenntnis senkt sich tief in mein Herz, dort vor den eindrucksvollen Ruinen des Klosters auf Lindisfarne: Um etwas Neues anzufangen, muss ich erst meine Hände leeren. Um etwas Neues anpacken zu können, muss ich Dinge loslassen, die mir lieb und vertraut sind. Dieses Loslassen hat viele Gesichter: Wer sich nicht innerlich von seinem Partner oder von einem Freund gelöst hat, kann keine wirklich fundierte neue Bindung eingehen. Wer in Gedanken stets um das Alte kreist, hat nicht die Energie und Aufmerksamkeit für das Neue, die dieses eigentlich verdient hat. Das Festhalten bindet meine Kräfte.

In der Zeit, als meine erste Frau Bettina so schwer krank war, gab es eine Reihe von sehr guten Freunden, die mich unterstützten und mir beistanden. Sie sprachen mir Mut zu, hörten mir zu und waren einfach zu jeder Tages- und Nachtzeit präsent. Einer davon war mir besonders nah und wichtig. Und ausgerechnet dieser Freund zog sich vollständig von mir zurück, nachdem meine Frau dann gestorben war. Er brach den Kontakt ab. Warum er das tat, war mir ein absolutes Rätsel. Diese Erfahrung war eine sehr, sehr bittere für mich. Ich vermisste ihn so sehr. Es fühlte sich an, als hätte ich nicht nur einen, sondern zwei Menschen verloren. Wochen um Wochen vergingen, immer wieder versuchte ich, ihn zu erreichen und mit ihm zu sprechen – vergeblich. Erst ein Jahr später war er bereit, sich mit mir zu treffen. In einer Pizzeria saßen wir uns dann gegenüber und er erzählte mir, dass er schon einmal einen Freund an Krebs verloren hatte. Nun auch noch Bettina – das sei mehr gewesen, als er hätte ertragen können. Alles sei ihm wieder hochgekommen, der Schmerz und die Trauer um den toten Freund – und er habe all diese Emotionen auf mich übertragen und mich deshalb nicht mehr sehen wollen und können. Er habe nicht die Kraft dazu gehabt. In den Wochen und Monaten danach versuchten wir zwar, wieder eine gemeinsame Basis zu finden und an dem Punkt anzuknüpfen, an dem er mich verlassen hatte. Aber es ging nicht. Er konnte sich nicht mehr vorbehaltlos auf diese Freundschaft einlassen, unsere Beziehung war zu sehr gestört worden. Mich von diesem Freund zu lösen, ihn loszulassen, ihn freizugeben und zu verinnerlichen, dass ich keinen Anspruch auf diese Freundschaft habe, hat sehr lange gedauert. Und noch länger dauerte es, bis ich wieder neue, wirklich tiefe Freundschaften aufbauen konnte. Das ging erst wieder, als ich meinen Freund wirklich losgelassen hatte, als ich mit unserer Freundschaft abgeschlossen hatte.

Nicht nur im privaten, sondern auch im beruflichen Leben ist es wichtig, alte Projekte und Vorhaben abzuschließen, bevor man neue Pläne in die Tat umsetzt. Meine Frau Ilona befindet sich gerade in einem solchen Prozess: Sie entwickelt und konzipiert neue Seminare. Sie tut dies sehr intensiv, auch indem wir uns oft über dieses Thema beraten, sodass eigentlich schon jetzt ein Viertel von Ilonas Arbeitszeit davon beansprucht wird. Eines ist klar: Wenn sie mit ihren neuen Seminaren startet, muss sie einen Teil ihres alten Arbeitspensums abgeben. Aber auch das, was sie abgeben muss – andere Seminare und Projekte – hat sie selbst aufgebaut und deshalb fällt ihr der Abschied davon schwer. Wenn sie jedoch versucht, beides zu tun – das Alte beizubehalten und gleichzeitig Neues zu entwickeln und in die Tat umzusetzen –, wird sie unweigerlich in eine Situation geraten, in der sie überfordert ist. Und dieser Preis wäre eindeutig zu hoch.

Dass Ilona und ich uns auch über berufliche Dinge immer wieder so intensiv austauschen können, nehme ich als ein wunderbares Geschenk wahr. Ich schätze unsere Gespräche sehr. Auch auf Lindisfarne führen wir sie. Und ich gewinne im Verlauf dieser Gespräche Klarheit darüber, wo ich beruflich Abschied nehmen muss: Wenn ich in Zukunft meiner Leidenschaft, dem Filmemachen, wieder mehr Platz einräumen will, muss auch ich mich von einem anderen Teil meiner Arbeit verabschieden. Ich überlege also gemeinsam mit Ilona, welche meiner Seminare ich abgeben will, wer mein Nachfolger werden kann und wie ich ihn oder sie gut und effektiv einarbeiten kann. Diese Pläne tun mir gut. Ich erlebe, wie befreiend es sein kann, sich von alten Dingen zu trennen – Dinge, die man vielleicht noch ganz gerne gemacht hat, die einen aber im tiefsten Inneren nicht mehr berühren und befriedigen. Ich bin zutiefst dankbar, dass ich solche Entscheidungen treffen kann. Meinen Weg sehe ich deutlich und klar vor mir.

Innere Balance

684 kehrte Cuthbert zurück in das Kloster von Lindisfarne und trat dort sein Amt als Bischof an, denn als solcher war er gewählt worden. Befreit von seinen alten Lasten, mit Gott und sich selbst im Reinen, konnte er eine neue Herausforderung annehmen und sie erfolgreich schultern. Ich stelle mir vor, dass Cuthbert sicherlich dafür ein gutes Gespür hatte, dass die Zeit für ihn und seine neue Position auch tatsächlich reif war. Wäre er nur zwei Jahre früher nach Lindisfarne zurückgekehrt – ohne Berufung – hätte er vielleicht nicht so viel erreicht.

Innere Gelassenheit und Geduld – das wünscht sich wohl jeder von uns. Mir scheint es manchmal ein Privileg des Alters zu sein. In vielen Dingen war ich früher sehr viel ungeduldiger und stürmischer. Ich schrieb es an anderer Stelle schon einmal: Manchmal bin ich es heute noch, gerade wenn es um neue berufliche Projekte geht. Schnelligkeit ist eine meiner Schwächen. Kaum ist eine Besprechung vorbei, hänge ich auch schon am Telefon, um die wesentlichen Dinge anzuschieben. Manchmal schreibe ich sogar schon während einer Besprechung E-Mails, um die Dinge in

Gang zu bringen. Ilona und ich sind da sehr unterschiedlich. Bei ihr startet zuerst ein Prozess des Prüfens, der sie mitunter auch vor Fehlern bewahrt. Dass diese unterschiedlichen Tempi hin und wieder zwischen uns zu Konflikten führen, ist klar. Aber ganz egal, wie unterschiedlich wir auch immer sein mögen – wir beide wissen sehr genau, dass jeder von uns da sein eigenes Maß finden muss. Jeder Mensch muss ganz für sich alleine herausfinden, welches Zeitmaß ihm guttut und wie viele Ruhephasen er braucht, um eine ausgewogene Balance zwischen Anspannung und Entspannung herzustellen. Weil ich auch schon oft genug mit meinem Tempo angeeckt und auf die Nase gefallen bin – manche Dinge brauchen einfach Zeit, damit sie gut werden –, habe ich gelernt, dieses Tempo an entscheidenden Punkten zurückzunehmen. Alles, was mit strategischen Entscheidungen zu tun hat, seien es nun Jahrespläne, eine neue Broschüre für unser Unternehmen oder die Entwicklung neuer Projekte – gehe ich langsam und gründlich an. Außerdem reise ich lieber langsam – vier Tage auf einem Schiff tun mir besser als anderthalb Stunden in einem Flugzeug. Auch die Beziehungen zu anderen Menschen gestalte ich langsam und langfristig. Schnell wieder verlöschende Strohfeuer bedeuten mir nichts und nähren mich auch nicht.

Auf meiner Bank vor der Abtei von Lindisfarne fange ich an zu frösteln – die Sonne ist untergegangen und hat ihre wärmenden Strahlen mitgenommen. Dunkel wird es hier, weit oben im Norden, aber nicht so schnell. Deshalb gehe ich auch noch nicht zurück in unser Hotel zu Ilona, sondern in die Kirche der Abtei. Die Tür schließt sich knarrend hinter mir. Stille umfängt mich. Dort steht im Seitengang ein aus Holz geschnitzter Sarg. Ein Künstler hat ihn gestaltet – zum Gedenken an eine Szene, die sich lange nach Cuthberts Tod zugetragen hat. Fast zweihundert Jahre später befürchteten die Mönche von Lindisfarne, dass die Wikinger die Insel und auch die Abtei überfallen würden. Aus diesem Grund betteten sie den in einem Schrein in der Kirche bestatteten Leichnam Cuthberts in einen einfachen Holzsarg um und flüchteten mit ihm auf das Festland. Nach vielen Jahren der Wanderschaft fanden die Mönche endlich einen sicheren Ort für Cuthberts Gebeine – einen Felsvorsprung, der vom Fluss Wear fast völlig umflossen wurde. An dieser Stelle errichteten sie später eine Kirche und noch später entstand hier die mächtige Kathedrale von Durham.

Wenn ich wie hier auf geschichtsträchtigem Boden stehe, werde ich ergriffen von einem Gefühl der Ehrfurcht. Ehrfurcht vor dem, was Menschen vor so langer Zeit gesagt und getan haben und was für uns heute immer noch präsent ist. Vieles davon ist auch jetzt noch relevant und hat eine Bedeutung für unser modernes Leben. Ich bin von solchen Gedanken sehr fasziniert und kann bei dem Versuch, mich in vergangene Zeiten hineinzuversetzen, so abwesend wirken, dass manch einer, der mich dabei zufällig beobachtet, vielleicht denkt, ich sei nicht mehr ganz von dieser Welt. Vor dieser Skulptur eines Holzsarges in der Kirche in Lindisfarne fällt mir auf, dass die Mönche, die Cuthberts Gebeine auf der Flucht vor den Wikingern mitgenommen haben, sich nicht verabschiedet haben. Sie haben diese Gebeine und mit ihnen das Andenken an ihren Bischof bewahrt, weil beides ein Teil ihrer eigenen Geschichte war – mehr noch als das: ein Teil ihrer Identität. Sie hatten erkannt, dass ihre Geschichte und die Geschichte Cuthberts unauslöschlich zusammenhängen.

Echte und tiefe Erkenntnis

Es gibt Dinge im Leben eines Menschen, die ändern sich nicht, ganz egal, ob einer ein Mönch im achten oder neunten Jahrhundert ist oder ein gestresster Geschäftsmann im 21. Jahrhundert: Wir alle sind Teil der Leben anderer Menschen. Wir beziehen uns alle auf unsere Mitmenschen, wir stehen in Bezügen zueinander, gesellschaftlich oder regional. Wir haben Familie, Kollegen, Freunde. Wir sind immer Teil einer anderen Lebensgeschichte. Manchmal ein kleiner Teil, manchmal ein großer Teil. Menschen, denen das bewusst ist und die ihre Beziehungen auch bewusst gestalten, haben ihre Identität gefunden – die sich schließlich auch immer aus dem speist, was uns andere Menschen widerspiegeln. „Wer bin ich?“ ist die zentrale Frage, die uns Menschen beschäftigt, seit es uns gibt. Wenn ich erkenne, was mich von anderen unterscheidet, wo meine Stärken und Schwächen liegen, dann weiß ich, was mich ausmacht, worin mein Kern und damit auch meine Identität besteht. Dann weiß ich, wer ich bin.

In die tiefen Dimensionen seines Seins stößt ein Mensch aber immer erst dann vor, wenn er akzeptiert, dass er selbst nicht der Nabel der Welt ist. Wenn er erkennt, dass es einen Schöpfer gibt, dem gegenüber er eines Tages Rechenschaft ablegen wird. Denn erst dann schafft es ein Mensch, sein Leben so zu gestalten, dass es nachhaltig ist. Dies kann dann zum Beispiel zur Folge haben, dass er mit seinen Mitmenschen so umgeht, dass er auch in zehn Jahren noch dazu stehen kann. Letzten Endes geht es also um Werte – sie machen die Identität eines Menschen aus. Sie verkörpern unsere Identität.

Erkenntnisse zu diesem Themenkreis gewinne ich ganz besonders häufig auf Reisen, denn während meiner Reisen lese ich viel und zwar meistens Biografien von Menschen, die in eben jener Gegend gelebt und gewirkt haben, in der ich mich gerade befinde. Ich finde: Man bekommt einen ganz anderen Zugang zur Geschichte eines Menschen und zu seiner Person, wenn man auf dem Boden steht, auf dem er gegangen ist, und die Landschaft sieht, die auch er vor Augen hatte. Während unserer Reise nach Iona und Lindisfarne lese ich deshalb nicht nur die Lebensgeschichten von

Aidan und Cuthbert, sondern auch die von Beda Venerabilis – eines Chronisten, der um 720 das Leben Cuthberts aufschrieb. Er war der erste Kirchenhistoriker Englands und seine Berichte sind bis heute die Hauptquelle für unsere Erkenntnisse über Aidan und Cuthbert. Die Lebensgeschichten dieser drei Männer hängen für mich auf sehr faszinierende Weise zusammen. Alle drei waren Führungskräfte, die Mitarbeiter hatten, die andere Menschen ausbildeten, die wirtschaftliche Verantwortung trugen. Alle drei lebten ihre Berufung. Sie alle betraten Neuland, fanden ihren Weg und hinterließen Spuren. Und sie hatten eine entscheidende Schlüsselkompetenz: Sie waren bereit für den Rückzug und für die Stille. Sie zogen sich an bestimmten Punkten in ihrer Biografie zurück, verließen Vertrautes, nahmen Abschied von ihrem bisherigen Leben, weil sie wussten, dass sie an eine Grenze gestoßen waren.

Wir sind immer stark bewegt von etwas, wenn es uns an irgendeinem Punkt persönlich betrifft und berührt. So ist es auch mit den Geschichten dieser drei Männer: Sie betreffen mich. Sie bringen eine Saite in mir zum Klingen. Es gibt eine Verbindung zwischen uns. Auch für mich als Führungskraft ist es wichtig, mich immer wieder zurückzuziehen und in Zeiten der Ruhe und Stille Kraft zu tanken für neue Herausforderungen, die vor mir liegen. Wenn ich in verschiedenen Seminaren und Vorträgen zahlreichen Menschen begegnet bin, brauche ich anschließend meine Ruhe. Dann will ich niemanden sehen und ich will niemanden hören und schon gar nicht will ich per Telefon oder E-Mail erreichbar sein. Mich fasziniert und berührt die Vorstellung, dass drei Männer vor 1.500 Jahren schon solche Gefühle hatten – und das ganz ohne die mediale Informationsflut, der wir uns heute permanent aussetzen. Sich zurückziehen zu wollen, um Kraft und Energie zu tanken, scheint also ein zutiefst menschliches Bedürfnis zu sein.

Um sich zurückziehen und etwas Neues beginnen zu können, muss man Abschied nehmen. Deshalb sind Abschiede ein wichtiger Bestandteil unseres Lebens. Wir nehmen oft Abschied – von anderen Menschen, weil sie sterben, so wie meine Mutter und meine erste Frau, oder weil sie die Beziehung zu uns nicht mehr mit Leben füllen können, so wie mein Freund, der mit seiner Trauer kämpfte. Wir nehmen aber auch Abschied von Lebensabschnitten, von unserer Schul- und Ausbildungszeit, von Orten. Und wir nehmen Abschied von Vorstellungen über uns selbst. Wir bleiben nicht unser ganzes Leben lang fit und vital. Unsere Ressourcen sind nicht unerschöpflich. Irgendwann erkennen wir: Wir können nicht mehr einfach so von vorne anfangen und noch alles erreichen, was wir gerne hätten. So manchen Menschen trifft diese Erkenntnis hart: Er durchleidet die Krise der Reifung.

Auch auf Reisen gibt es einen Moment des Abschieds. Viele Menschen erleben ihn ungefähr drei Tage, bevor sie sich wieder auf den Weg in Richtung Heimat machen. Sie spüren, dass die Zeit der Reise zu Ende geht. Sie beschäftigen sich in Gedanken schon wieder mit dem, was zu Hause an Alltagsdingen auf sie wartet. Auch Ilona und mir geht es so. Unsere Zeit auf Lindisfarne neigt sich dem Ende zu. Wir sitzen unter einem der alten Gewölbebögen, lehnen uns an das verwitterte Gemäuer und schauen übers Meer, das wir sogar hier oben riechen können. Der Himmel wölbt sich in den pastelligen Farben des nordischen Abends über uns. Es ist so schön hier, dass wir am liebsten für immer bleiben wollen. Aber wir wissen auch: Wenn wir für immer blieben, wäre diese Insel nicht mehr dieselbe. Deshalb nehmen wir diesen Abschiedsschmerz als das wahr, was er ist: als einen Aufbruch. Und den genießen wir.

Loslassen

Ich kann das Neue nur wahrnehmen, wenn ich vom Altvertrauten Abschied genommen habe. Wenn ich aber alles, was ich in dem neuen Land wahrnehme, mit dem vergleiche, was ich von daheim kenne, dann werde ich mich nicht wirklich auf das Neue einlassen. Es gibt so viele Touristen, die auch in einem fremden Land ihr heimatliches Essen zu sich nehmen. Doch dadurch erfassen sie nie, was das Geheimnis des neuen Landes ist. Sie haben ihre Heimat nicht losgelassen.

Die Bibel erzählt uns in der Geschichte von Maria, die ihre schwangere Verwandte Elisabeth besucht, ein wunderbares Beispiel für gelungenes Loslassen. Von Maria heißt es, dass sie sich auf den Weg macht und dass sie eilends über das Gebirge geht, um Elisabeth zu besuchen. Sie macht sich auf den Weg. Sie geht ihren eigenen Weg. Sie lässt ihr Haus zurück, das, was ihr vertraut ist, worin sie sich eingerichtet hat. Sie muss aufbrechen, ihre Zelte abbrechen, um sich auf den Weg zu machen. Sie muss das Vertraute loslassen, um sich auf das Neue einzulassen. Sie geht über das Gebirge. Um beim anderen wirklich anzukommen, um wie Maria das Haus des anderen wirklich zu betreten, müssen wir über Berge von Hemmungen und Vorurteilen schreiten, denn sonst kommen wir nie bei ihm an. Davor liegt der Berg der inneren Widerstände. Wir sagen uns, der andere habe ohnehin keine Zeit für uns, er würde sich für uns gar nicht interessieren. Oder, um im Bild zu bleiben, die Einheimischen würden Ausländer generell ablehnen. Wenn ich mit solchen Vorurteilen in ein Land reise, werde ich nie bei den Menschen dort ankommen. Ich werde durch die ganze Welt reisen und doch immer im Haus meiner Vorurteile wohnen bleiben. Ich muss ausziehen, um beim andern anzukommen. Ausziehen heißt: das Alte loslassen, die Wertungen und Urteile loslassen, um dem anderen wirklich begegnen zu können.

Als Maria ihre Base Elisabeth begrüßte, hüpfte das Kind im Schoß Elisabeths. „Da wurde Elisabeth vom Heiligen Geist erfüllt und rief mit lauter Stimme: Gesegnet bist du mehr als alle anderen Frauen, und gesegnet ist die Frucht deines Leibes. Wer bin ich, dass die Mutter meines Herrn zu mir kommt?“ (Lukas 1,42f) Wenn wir das Alte und Vertraute losgelassen haben, dann können wir uns auf den andern einlassen. Dann entdecken wir das Geheimnis des andern. Wir können von jedem Gast, der uns begegnet sagen, dass er gesegnet ist und Segen bringt. Wir bringen den Menschen im neuen Land Segen. Und die Menschen dort werden für uns zum Segen. Sie kommen in der Begegnung mit uns mit dem inneren Kind in Berührung, das sich in ihnen regt und in ihnen hochhüpft. Sie entdecken in der Begegnung mit uns, wer sie sind. Und wir erkennen in der Begegnung mit den Fremden das Geheimnis unseres eigenen Lebens. Von jedem von uns gilt letztlich, dass wir wie Maria etwas Göttliches in uns tragen, ein Geheimnis, das uns übersteigt.

Wenn wirklich Begegnung stattfindet, dann werden die beiden, die sich begegnen, füreinander zum Segen.

So ist das Loslassen, das Hinter-sich-Lassen des Vertrauten die Bedingung dafür, dass Begegnung mit dem Fremden geschehen kann. Und wenn Begegnung stattfindet, werden beide lebendig. Beide profitieren davon, beide werden füreinander zum Segen. Darum geht es in jeder Reise: dass wir beim andern ankommen, dass wir das Geheimnis seines Lebens entdecken und so in der Begegnung mit ihm auch mit uns selbst in Berührung kommen und das Geheimnis unseres Lebens erkennen.

Es gibt Menschen, die sich schwer tun, loszulassen. Sie haben Angst vor jedem Abschied. Oft liegt der Grund in Erfahrungen des

Verlassenwerdens, die sie als Kind gemacht haben. Abschied tut immer weh. Da wird etwas geschieden, etwas getrennt. Aber ohne Abschied ist keine Ankunft möglich. Wer in einem neuen Land immer nur von dem Heimweh nach seinem eigenen Land bestimmt wird, wird das neue Land nicht wirklich erleben. So braucht es den Abschied – auch wenn er weh tut –, um das Neue in den Menschen und in der Kultur des fremden Landes zu entdecken und sich davon bereichern zu lassen.

Anselm Grün

Feiere dein Leben!

Kapitel 6

Von Lindisfarne reisen wir ein kleines Stück weiter zur Northumbria Community. Nur wenige Kilometer von der Stelle entfernt, an der Aidan und Cuthbert gelebt und gearbeitet haben, treffen sich heute wieder Menschen zum Gebet. Sie nennen sich „Northumbria Community" und wollen das Denken und die Traditionen Aidans und Cuthberts mit Leben füllen und sie weitergeben. Das Mutterhaus der Northumbria Community ist ein alter Gutshof, Hetton Hall, ein schlichtes, langgestrecktes Gebäude, braun-grau verputzt, mit weißen Giebelfenstern, bewachsen von Heckenrosen, inmitten einer sanften Hügellandschaft gelegen und umgeben vom Gezwitscher unzähliger Vögel.

Hetton Hall ist ein offenes Haus. Kaum hat man es betreten, wird man von der heimeligen und warmen Atmosphäre der riesigen Wohnküche empfangen. Auf dem offenen Feuer steht immer ein Teekessel mit heißem Wasser, es gibt große, mit Blumenmustern versehene Blechdosen mit frischen Cookies. Um zwei große einfache Holztische stehen viele schlichte Stühle, an einer Wand hängt ein großes Regal voller bunter Teetassen.

Als Ilona und ich diesen anheimelnden Raum das erste Mal betreten und uns umschauen, lachen wir schallend: Über dem Herd hängt auf einer langen Holzstange die frisch gewaschene Bettwäsche der Community-Mitglieder und deren Gäste zum Trocknen. Bei aller Geistlichkeit, bei aller Spiritualität dieses Ortes symbolisiert diese zum Trocknen aufgehängte Bettwäsche ganz profane Bedürfnisse und Notwendigkeiten. Das wirkt so herrlich normal und urig auf uns, dass wir nicht anders können, als fröhlich zu lachen. Einen passenderen Auftakt für unsere Tage bei der Northumbria Community hätte es gar nicht geben können. Denn in dieser Küche, in diesem großen Raum der Gemeinschaft wird viel geredet, gelacht und erzählt – es ist ein Fest des Lebens, das die Menschen hier täglich feiern. Der Spruch über dem Herd – „Live well, love much, laugh often" – ist das Motto und der Geist des Hauses. Hier gibt es keine Hausdame oder einen Portier, der die Gäste empfängt und ihnen das Gepäck aufs Zimmer bringt. Wer gerade in der Küche ist, kümmert sich um die Neuankömmlinge, Tee und Cookies sind in Hülle und Fülle da, mittags und abends kochen die Mitglieder der Community reihum. Wichtiger als alles andere ist die Gemeinschaft – Menschen aus aller Welt kommen hierher, auf der Suche nach Stille, auf der Suche nach Gott oder sich selbst. Sie alle sitzen um die großen Tische herum, erzählen sich ihre Geschichten und was sie bewegt. Jeder bekommt die Redezeit, die er braucht, alle hören einander zu und gewähren einander Aufmerksamkeit und Zuspruch.

Die Tage in der Community vergehen sehr schnell, und an unserem letzten Abend gehen Ilona und ich noch einmal gemeinsam an alle Plätze, die uns besonders beeindruckt und bewegt haben. Wir nehmen Abschied, indem wir noch einmal überlegen, welche Botschaften die keltischen Christen für uns heute haben. Es ist nicht mehr so mild wie in den letzten Tagen. Die Wolken hängen tief und ein kalter Wind zerrt an unseren Jacken. Wir fühlen uns eingebettet in einen großen Zusammenhang, wir spüren, dass es etwas Großes, eine höhere Instanz gibt, die uns mit den irischen Mönchen verbindet, deren Spuren wir gefolgt sind: Es ist die Verantwortung dem Schöpfer gegenüber. Besonders deutlich spüren wir dies im „Prayer Garden" der Northumbria Community. Dieser Garten liegt direkt neben einer der beiden Kapellen der Community und ist von einer alten Steinmauer umgeben. Wir waren jeden Tag in diesem Garten, und auch jetzt, an unserem letzten Abend, zieht es uns hierher. Hier herrscht eine vollendet friedliche Atmosphäre. Kein Verkehrslärm ist zu hören, nur die Vögel singen in der Dämmerung. Wir fühlen uns der Schöpfung so nahe wie selten. Ich spüre meine Kleinheit gegenüber der Schöpfung. Und ich empfinde meine Verantwortung gegenüber Gott. Ihm bin ich Rechenschaft schuldig. Entscheidungen, die ich treffe, Menschen, mit denen ich mich beschäftige oder die ich links liegenlasse – alles ist Teil meines Lebens und über alles werde ich Rechenschaft ablegen müssen. Wofür habe ich meine Zeit investiert? Wie bin ich mit meinen Ressourcen umgegangen? War ich ein guter Chef? Ein verlässlicher Ehemann? Auch Columcille, Aidan und Cuthbert lebten und handelten in dieser Gewissheit – dass sie eines Tages geradestehen müssen vor ihrem Gott für das, was sie getan haben, und auch für das, was sie unterlassen haben. All diese Gedanken durchströmen mich, als ich ein letztes Mal im Prayer Garden, in Gottes Garten sitze und Abschied nehme. Dieser Abend ist etwas Besonderes und wir beenden ihn mit einem Gebet in der Kirche der Kapelle von Northumbria. Dieses Gebet ist unser Abschiedsfest. Nun sind wir bereit für die Rückkehr in unseren Alltag.

Auch wenn man Mönche nicht sofort mit großen Festen in Verbindung bringt – die irischen Mönche wussten sehr wohl die Etappen ihres Lebens zu feiern. Und sie genossen diese Feste – denn Genuss war für sie weder Verschwendung noch etwas, was sich im Widerspruch zu ihrem Glauben befunden hat. Leib und Seele waren für sie ebenso eine Einheit wie Gott und die Welt. Ihr Leben verstanden sie als permanenten Gottesdienst. Die keltischen Christen wussten: Gott als Schöpfer der Welt ist ihnen in jedem Moment, in jedem Augenblick nahe. Und weil diese Haltung zutiefst lebensbejahend ist, spielte auch der Genuss im täglichen Leben dieser Mönche eine Rolle. Theologen wissen, dass wichtige Bundesschlüsse im Alten Testament schon von jeher mit einer Mahlzeit besiegelt wurden, zu der auch vier randvolle Gläser Wein gehörten. Genießen und Feiern bedeuten also nicht automatisch Verschwendung. Es erwächst vielmehr aus der Fähigkeit, einfache Dinge des Lebens zu schätzen, bewusst zu erkennen und wahrzunehmen. Nur, wer das nicht mehr kann, wird die Balance zwischen Feiern und Alltag nicht mehr finden können. Denn auch auf die kommt es an. Feste sind Höhepunkte des Lebens, doch wenn sich ein Höhepunkt an den anderen reiht, verlieren sie das Besondere.

Feste tragen uns durch das Jahr

Heute habe ich oft das Gefühl, dass Feste für viele Menschen keine Bedeutung mehr haben, dass sie sie nicht bewusst begehen. Meine Frau Ilona und ich kommen aus Süddeutschland, dort wird gerne groß gefeiert. Feste sind in dieser Gegend im Leben der Menschen stark verankert und man lässt sie sich auch etwas kosten. Unsere Hochzeit feierten wir auf einem Schiff – dieses Schiff war für uns ein Symbol dafür, dass wir von nun an gemeinsam unterwegs sein würden, aber auch ankommen wollten (zum Beispiel in der Kirche, in der wir getraut wurden). Viele Freunde aus unseren Leben waren mit dabei und natürlich unsere Familien. Mir als Witwer war es besonders wichtig, für unseren Neuanfang einen ungewöhnlichen Rahmen zu finden, einen neuen Akzent zu setzen, und nicht einfach irgendwo in einem Restaurant zu feiern.

Auch meine Geburtstage feiere ich ganz bewusst. Ich lade jedes Jahr Freunde dazu ein – und zwar jedes Jahr andere. Besonders reizvoll finde ich es, Menschen bei mir zu Gast zu haben, die sich nicht untereinander kennen. In diesem Jahr lud ich Freunde aus der Fernsehbranche ein: einen Regisseur, einen Kameramann, einen Produktionsleiter und zwei Redakteure. Jeder Gast hatte die Aufgabe, seine Lieblingsszene aus seinem Lieblingsfilm mitzubringen, sie zu zeigen und anschließend zu erklären, was ihm an diesem Film und dieser Szene so gut gefällt. Wir hatten einen dramatischen Spannungsbogen an jenem Abend: Von der Untergangsszene aus dem Film „Titanic" bis zu einer Szene aus der Comedy „Calendergirls" war alles dabei. Es war einer der schönsten

Geburtstage, die ich je erlebt habe. Denn wir lernten uns alle von einer ganz anderen und ungewohnten Seite kennen.

Mit den Mitarbeitern unserer Akademie feiern wir ebenfalls regelmäßig ein Fest, meist zu Beginn eines neuen Jahres. Wir laden dann alle zu einem guten Essen ein, schauen zurück auf das, was im vergangenen Jahr gut gelaufen ist, und sprechen über das, was im neuen Jahr wohl alles auf uns zukommen und uns herausfordern wird. Diese Feste sorgen dafür, dass wir uns nicht nur als Kollegen und Kolleginnen wahrnehmen, sondern uns auch als Menschen nicht aus dem Blick verlieren. Auf diesen Festen spüren wir, dass wir miteinander verbunden sind und uns aufeinander verlassen können. Sie tragen uns durch das Jahr.

Dankbar für das Geschenk des Lebens

Um Feste zu feiern, bedarf es aber nicht immer eines großen und außergewöhnlichen Ereignisses, wie Hochzeiten, Geburtstage oder Taufen. Das geht auch im Kleinen – auch der Alltag bietet Momente, die man ganz bewusst zelebrieren kann. Der Sonntag zum Beispiel – um nichts in der Welt möchte ich das Sonntagsfrühstück missen, das ich für Ilona und mich immer zubereite und uns dann am Bett serviere. Es gibt Brötchen, frisches Obst, manchmal ein Glas Sekt dazu, alles hübsch angerichtet auf einem schönen Tablett mit Stoffserviette. Es hört sich vielleicht klischeehaft oder kitschig an, aber für mich ist dieses Ritual fast heilig. Es grenzt den Sonntag vom Alltag ab. Wir feiern damit diesen besonderen Tag und blicken gleichzeitig noch einmal gemeinsam auf die hinter uns liegende Woche zurück.

Mir fallen noch etliche solcher „Feierstunden" ein, die wir begehen, aber nicht nur wir. Auch einer meiner Freunde, er ist Unternehmensberater, macht das gerne und regelmäßig. Er sammelt Modellautos und das mit der Leidenschaft, zu der nur echte Sammler fähig sind. Drei- oder viermal im Jahr, immer dann, wenn er einen kleinen oder großen Erfolg zu feiern hat, nimmt er sich einen halben Tag frei. Er lässt die Arbeit Arbeit sein, das Handy auf dem Schreibtisch liegen und die Krawatte im Auto und zieht los in die Stadt. Sein Ziel: die größte Spielwarenhandlung am Platz – keines dieser großen Spielzeugkaufhäuser, sondern ein wirklich altmodisches Geschäft, in dem es noch Verkäufer gibt, die sich mit dem auskennen, was sie anbieten. Dort sucht er sich in aller Ruhe ein neues Modellauto für seine Sammlung aus. Er macht sämtliche Türen und Hauben auf und zu, betrachtet alles ganz genau von allen Seiten, und der Verkäufer erklärt ihm jedes Detail. An der Kasse lässt er sich das Auto als Geschenk einpacken und steuert anschließend sein Lieblings-Café an. Bei einem Cappuccino packt er dann in aller Ruhe sein Geschenk aus. Das ist für ihn Belohnung und Lebensgenuss in einem.

Mich rührt diese Geschichte immer sehr an, wenn ich sie erzähle. Denn ich spüre, was bei meinem Freund geschieht, wenn er loszieht und sich eine Belohnung schenkt für das, was er gut gemacht hat: Er ist dankbar. Und genau aus diesem Gefühl heraus bringe ich sonntags meiner Frau das Frühstück ans Bett oder lade ich meine Freunde zu meinem Geburtstag ein oder feiere ich mit den Menschen, die mit mir auf Reisen sind, ein Fest zum Abschluss dieser Reise: Ich bin dankbar. Dankbar für das Geschenk des Lebens. Ich habe sowohl meine Mutter als auch meine erste Frau sehr früh verloren. Heute bin ich 48 und es gibt sehr viele Gründe für mich, das täglich zu feiern. Ich weiß, dass diese positive Haltung gegenüber dem Leben nicht allen Menschen beschieden ist, die früh und oft mit der emotionalen Wucht der Trauer konfrontiert worden sind. Und deshalb bin ich nicht nur dankbar dafür, dass ich lebe, sondern auch dafür, dass ich dieses Leben genießen kann. Die Angst, wieder einen geliebten Menschen leiden

sehen zu müssen und wieder einer so immensen Trauer ausgesetzt zu sein, ist in meinem Leben durchaus präsent. Sie ist die begleitende Bassnote. Diese Sorge dominiert mich aber nicht. Ich lebe im Hier und Heute und atme und freue mich, dass es mir gut geht und ich kreativ sein kann. Ich bin glücklich darüber, mit vielen Menschen zu tun zu haben und viele neue interessante Menschen Tag für Tag kennenlernen zu können. Was mich immer wieder durch die Tiefen der Trauer trägt, sind andere Menschen – Menschen, die keine guten Ratschläge geben, sondern einfach nur für mich da sind. Die mir zuhören, an deren Schulter ich weinen kann und die mich in den Arm nehmen. Das Zusammensein mit ihnen bietet mir einen geschützten Raum für Phasen, in denen ich trauere oder in denen ich unter hoher Belastung stehe.
Durch schlimme Phasen der Trauer hindurch trug mich aber auch meine Wut und Aggression. Gerade nach dem Tod meiner ersten Frau haderte ich mit Gott. Ich klagte und schrie ihn an, wollte nichts mehr mit ihm zu tun haben. Irgendwann später merkte ich jedoch: Gott hatte sich davon nicht beeindrucken lassen. Er war immer noch da. Er hatte meine Klagen und Schreie ausgehalten. Gott ist keiner, der auf nette Worte angewiesen wäre, den man schonen muss. Er erträgt einen zornigen Christen. Auch das trägt mich immer wieder durch die Phasen des Leidens.

Zufriedenheit und Gelassenheit

Es gibt noch einen Grund, weshalb mir Feste so wichtig sind: Je älter ich werde, desto schneller vergeht die Zeit – eine Binsenweisheit, ich weiß, aber nichtsdestoweniger zutreffend. Feiern und Feste bedeuten für mich immer auch ein Innehalten, ein Stehenbleiben in diesem schnellen Fluss des Alltags. Und nur wenn ich innehalte, wenn ich stehen bleibe, kann ich mir Gedanken um mein Leben machen. Nicht nur Krisen sind Brennpunkte des Lebens, die sich fest ins Gedächtnis einprägen, auch Feste und Feiern gehören zu diesen Brennpunkten. Sie bringen eine neue Qualität, neue Kraft und Energie in die Dankbarkeit, die ich sowieso täglich dem Leben gegenüber empfinde. Sie geben mir Kraft, weiterzumachen, weiterhin in meinem Alltag bestehen zu können. Gerade wenn ich anstrengende Phasen hinter mir habe, vielleicht nach einem beendeten Projekt, und mich wie ein leerer Ballon fühle, aus dem alle Luft gewichen ist, dann geben mir kleine und große Feste wieder Kraft.

Sie geben mir aber nicht nur Kraft, sie geben mir auch Zufriedenheit. Ich fühle dann ganz deutlich, dass ich aus tiefstem Herzen zufrieden bin mit dem, was ich erreicht habe. Und aus ebenso tiefstem Herzen wünsche ich jedem Menschen, dass er zufrieden ist mit dem, was er täglich tut und erlebt. Zufriedenheit bewahrt uns vor Neid und Unglück. Zufriedenheit ist Teil des Glücks. Wenn wir zufrieden sind mit uns und dem, was wir haben und erreichen können, dann stehen dem Glück Tür und Tor offen. Viele Menschen machen ihr Glück von Dingen abhängig. Wenn sie dieses und jenes hätten, dann, ja dann, könnten sie wohl glücklich sein. Eines weiß ich aber sehr genau: Einen falscheren Blickwinkel auf das Glück gibt es nicht. Glück wohnt nicht in materiellen Dingen. An Materiellem freut man sich maximal zwei Tage lang, dann gerät es zur Selbstverständlichkeit. Statussymbole taugen nicht als Glücksbringer.

Dieser Aspekt wird mir besonders deutlich, wenn ich an mein erstes eigenes Auto denke, das ich mir erst leisten konnte, als ich bereits 28 war. Es war ein tolles Gefühl, endlich diesen wunderbaren blauen Polo zu besitzen. Ich war stolz und glücklich, aber nur so lange, bis der Polo den ersten Kratzer hatte. Und den zweiten. Und den dritten. Dann kam noch eine Beule dazu. Jedes Mal, wenn ich einstieg, sah ich Schrammen und Macken an diesem Auto. Ich konnte mich überhaupt nicht mehr daran freuen. Bis ich eines Tages erkannte: Dieses Auto fährt. Es erfüllt seinen Zweck. Und es kann doch nicht sein, dass mein Glück nur darin besteht, ein fabrikneues Auto zu besitzen, ohne eine einzige Gebrauchsspur! Wenn mein Glück derart von materiellen Faktoren abhängt, dann wird es nie von Dauer sein!

Und wenn ich an die irischen Mönche denke, dann sehe ich das, was mir wichtig geworden ist. Sie waren mit ihrem Leben zufrieden. Mit ihrem einfachen Leben. Columcille, Aidan, Cuthbert. Sie lebten unter einfachsten, fast ärmlichen Bedingungen. Sie waren froh, wenn sie sich ernähren konnten, ein Dach über dem Kopf hatten und in stiller Einkehr ihrem Schöpfer nahe waren. Sie sind mir ein Vorbild. Ihre Gelassenheit wünsche ich mir.

Das Fest des Lebens feiern

Das, was wir im neuen Land erfahren und erleben, will immer wieder gefeiert werden. Wir feiern das Geheimnis des Lebens, das wir in den Fremden und das wir zugleich auch in uns erfahren. In der Begegnung zwischen Maria und Elisabeth, die im Lukasevangelium geschildert wird, sieht das Fest des Lebens so aus, dass Maria im Magnifikat Gott dafür preist, dass er auf ihre Niedrigkeit herabgeschaut hat. Sie preist die Größe Gottes und ihr Geist jubelt über Gott, ihren Retter und Heiland.

Das Leben feiern geschieht im Loben. Wir preisen das, was wir im neuen Land erlebt haben. Wir preisen die Gastfreundschaft der Menschen. Wir loben das, was sie uns an Liebe anbieten. Doch letztlich loben wir Gott selbst. Lukas sagt von Gott – ganz in der Tradition der Griechen –, dass Gott sein Volk besucht hat. Gott hat auch das irische Volk besucht und wohnt mitten unter ihm. In unserem Besuch dort erahnen wir, was es heißt: Gott besucht sein Volk. Gott schaut nach seinem Volk, wie es ihm geht. Er geht auf die Suche, um in den Menschen ihre Würde zu finden, ihren göttlichen Kern zu berühren. So bedeutet auch unser Besuch, dass wir uns auf die Suche machen nach dem Geheimnis des Lebens, das wir in den Menschen des neuen Landes erahnen.

Und dieses Leben will immer wieder gefeiert werden. Es will gefeiert werden im Lob – wie bei Maria. Es will aber auch gefeiert werden im gemeinsamen Mahl. Kein Evangelist hat uns von so vielen Mahlzeiten Jesu erzählt wie Lukas. Jesus hat bei seinen Mahlzeiten mit den Zöllnern und Sündern, mit den Pharisäern und mit seinen Jüngern den Menschen nicht nur eine neue Lehre verkündet, sondern sie die Freundlichkeit Gottes spüren lassen. Wir lernen ein Land nicht kennen, wenn wir nicht mit den Menschen dort Mahl halten, wenn wir ihre Speisen genießen, die sie auf ihre besondere Weise zubereiten. In der Antike bedeutete ein Mahl zu halten: Ich habe nichts gegen den anderen, mit dem ich das Mahl halte. Ich schließe Gemeinschaft mit ihm. Ich unterhalte mich mit ihm. Ich höre auf das, was er mir zu sagen hat. Lukas hat das in seiner Erzählung vom Mahl Jesu bei Maria und Martha wunderbar beschrieben. Maria setzt sich zu den Füßen Jesu. Sie will hören, was der Fremde, der Gast, ihr zu sagen hat. Im Fremden will Gott selbst zu den Menschen sprechen.

Die Iren wissen noch etwas von dieser Gastfreundschaft, in der sie nicht nur den Gast bewirten, sondern auch auf ihn hören – von ihm hören wollen, was ihn bewegt. Sie rechnen damit, dass Gott selbst durch den Fremden sprechen möchte.

Wenn der Gast auf den Einheimischen hört und der Einheimische auf den Fremden, dann kann ein Fest gefeiert werden, ein Fest des Lebens, das in dieser Begegnung entsteht. Jesus spricht in seinen Gleichnissen häufig von einem Fest. Ein König hält ein Festmahl und lädt die Gäste ein. Aber die Gäste wollen nicht kommen. So lädt er die Armen, die Blinden und Lahmen und die Verkrüppelten ein. (vergleiche Lukas 14,15–24) Ja, der König lädt diejenigen zu einem Festmahl, die draußen vor der Stadt leben, die sich außerhalb unseres Lebenskreises befinden. Jeder von uns ist bei dem Festmahl Gottes willkommen, bei dem er das Ganzwerden und Einswerden mit Gott feiert.

Jesus will mit uns allen ein Fest des Lebens feiern, weil wir das Leben gefunden haben. Dazu gehört auch der verlorene Sohn, der sich in der Fremde selbst verloren hat. Mit ihm will er ein Fest halten, weil der Sohn tot war und wieder lebt, weil er sich verloren hatte und wieder gefunden wurde (Lukas 15,11–32). Bei jedem Fest des Lebens geht es letztlich darum, dass wir unsere eigene Selbstwerdung und Ganzwerdung feiern. Das Fest ist Ausdruck dessen, dass Gott all das, was uns bisher fremd war, was wir in uns selbst nicht gekannt haben, im gemeinsamen Mahl verbindet.

In einem fremden Land entdecken wir Seiten an uns, die wir bisher noch nicht gekannt haben. So will Gott mit uns ein Fest des Lebens feiern, weil wir Bereiche unseres Lebens entdeckt haben, die uns bisher unbekannt waren. Wir hatten viele Elemente unseres Selbst verloren und haben sie in der Begegnung mit dem fremden Land wiedergefunden. Vieles in uns war tot und abgestorben. Es ist durch die Begegnung mit fremden Menschen wieder lebendig geworden. So ist es gut, ein Fest des Lebens zu feiern, das Gott selbst uns bereitet und zu dem er uns einlädt. Bei diesem Fest werden wir eins mit uns selbst und mit all dem, was wir in dem fremden Land neu an uns und in uns entdeckt haben.

Anselm Grün

Gestalte deine Zeit!

Kapitel 7

Am Ende einer Reise ist es Zeit zurückzuschauen. Es war eine gute Zeit. Wir haben viel gesehen, gehört, erlebt. Wir sind bei uns selbst angekommen.

Nur im Blick zurück verstehen wir manche Biegung und auch die Entscheidungen, die wir an Wegkreuzungen getroffen haben. Einiges hatten wir anders geplant. Manches hat sich einfach, auch ohne unser Zutun ereignet. Und sehr vieles, was uns an Gutem und Wertvollem begegnet ist, konnten wir uns in unseren kühnsten Träumen nicht vorstellen. Ilona und ich nehmen vor allem eines mit: Wie wichtig und kostbar die Zeit ist, die wir haben und auch die, die uns bleibt. Wir haben uns viel vorgenommen. Vor allem bewusster zu leben. Mehr hinzuhören. Genauer hinzuschauen.

Jede Reise ist nur ein Abschnitt einer langen Geschichte auf dem Weg durchs Leben. Was nehmen wir mit in unserem Gepäck? Eines ist sicher: Das scheinbare Ende der Reise ist für uns der Anfang eines neuen Weges.

Es war uns wichtig, den Abschied von Northumbria bewusst zu gestalten. Dazu haben wir im Laufe der Zeit verschiedene Formen gefunden. Manchmal dehnen wir unseren Abschied auch auf drei Tage aus: Am dritten Abend vor unserer Abreise feiern wir das Abschiedsfest. Am zweiten Abend vor der Abfahrt überlegen wir uns, was wir gerne von dieser Reise mit nach Hause nehmen möchten: vielleicht eine neue Angewohnheit, eine Erkenntnis, die wir gewonnen haben, vielleicht ein Buch, eine CD mit schöner Musik, vielleicht aber auch eine Erinnerung an eine schöne Wanderung oder einen klaren Morgen in den Bergen. Den letzten Tag vor der Abreise empfinden wir dann wie ein Geschenk – ein ganz besonderes Glück. Ich habe festgestellt, dass dieses Abschiedsritual mir nicht nur hilft, mich von meiner Reise zu verabschieden, sondern auch dabei, zu Hause wieder gut anzukommen. Denn das fällt mir oft schwer.

Viele Menschen fühlen sich in den ersten Stunden nach einer Rückkehr von einer langen Reise so, als stünden sie komplett neben sich. Mir geht das ganz genauso. Die ersten 24 Stunden zu Hause spüre ich sehr deutlich, dass mein Körper zwar angekommen ist, meine Seele aber noch nicht. Sie hängt noch irgendwo unterwegs fest, ist längst nicht so schnell wie es das Flugzeug oder der Zug war. Ich kann mich in diesen ersten Stunden nach meiner Rückkehr zwar darüber freuen, wieder auf unserem Sofa zu sitzen und in unserer vertrauten Umgebung zu sein, aber es fühlt sich dennoch so an, als sei nur meine Hülle anwesend. Ich muss mindestens eine Nacht zu Hause geschlafen haben, bevor dieses Gefühl so langsam verschwindet. Menschen, die lange Strecken zu Fuß gegangen sind, kennen dieses Phänomen wohl eher nicht. Kein Wunder, denn sie bewegen sich in einem „Seelentempo“ – einer Geschwindigkeit, die ihrer Seele entspricht. Ich glaube: Tief in uns ist noch etwas, das auf Langsamkeit und gleitende Übergänge eingerichtet ist und nicht auf die Zeitreisen, die wir per Flugzeug und Bahn zurücklegen.

Grenzen erkennen und ziehen!

Ich habe erkannt und gelernt, wie wichtig es für mich ist, Grenzen zu setzen. Ganz besonders, wenn ich von einer Reise nach Hause komme. Ich staune dann immer über Ilona – sie hat dieses Bedürfnis überhaupt nicht. Sie geht sofort in ihr Büro, hört den Anrufbeantworter ab und stürzt sich auf die E-Mails. Ich dagegen weigere mich, das vor dem nächsten Morgen nach unserer Rückkehr zu tun. Ich will den Alltag noch wenigstens für ein paar Stunden aussperren. Zunächst einmal will ich ankommen, mit meiner Seele, mit all meinen Sinnen, und dafür brauche ich Zeit. Ich will mich in Ruhe über mein Zuhause freuen und auch darüber, dass ich sicher und wohlbehalten zurückgekehrt bin. Das ist die erste Grenze, die ich ziehe.

Es gibt eine zweite Grenze, die für mich bei meiner Rückkehr in den Alltag wichtig ist: Ich versuche nicht gleich, alle möglichen Menschen anzurufen und ihnen von meinen Urlaubserlebnissen zu erzählen, sondern bleibe buchstäblich ruhig und bei mir. Ich sortiere gedanklich erst einmal selbst, was ich erlebt und erfahren habe.

Eine weitere Grenze ziehe ich, indem ich an meinem ersten Arbeitstag keine Termine mache. Wenn ich längere Zeit unterwegs war, dehne ich das sogar aus. Es ist unglaublich wohltuend, sich nach einer längeren Abwesenheit einen langsamen Wiedereinstieg gönnen zu können und vielleicht über vier oder fünf Tage hinweg nach und nach wieder Fahrt aufzunehmen. Früher hatte ich oft schon eine Woche nach meinem Urlaub das Gefühl, erneut urlaubsreif zu sein. Genauer betrachtet ist das eigentlich kein Wunder: Wer von Null auf Hundert innerhalb ganz kurzer Zeit startet, verbraucht ungleich viel mehr Energie als jemand, der seine Leistung langsam wieder hochfährt. Nach einer Reise lasse ich mir also Zeit, mich wieder in meinen Arbeitsalltag einzufinden und versuche nicht, das an einem Tag aufzuholen und aufzuarbeiten, was sich in den Wochen meiner Abwesenheit ereignet hat.

Etwas ganz Ähnliches muten sich viele Menschen oft am Jahresende zu. Da wollen sie dann all das noch erledigen und aufholen, was sowieso das ganze Jahr über liegengeblieben ist. Eine der wichtigsten Lehren, die ich aus unserem Sabbatjahr ziehe, ist diese: Ich will mich selbst nicht überfordern. Dahinter steht die Erkenntnis: Es ist nicht das Leben, das uns Menschen überfordert. Es sind nicht die Umstände, die verhindern, dass wir glücklich werden. Sondern es sind immer nur wir selbst. Wenn wir das erkennen und außerdem herausfinden, wo unsere Grenzen liegen – dann wird alles gut. Es geht darum, mit den eigenen Kräften und Energien Maß zu halten. Es geht darum, ein langsames Tempo anzuschlagen, eine Übersicht zu gewinnen, Orientierung zu finden. Und es geht darum, seiner inneren Stimme Gehör zu schenken.

Pottery Time: eine Insel im Alltag

Damit wir gerade nach unserem Sabbatjahr nicht wieder zu schnell von unserem Alltag und seinem schnellen Tempo gefangen genommen werden, nehmen Ilona und ich uns nach unserer Rückkehr einen Monat Zeit, um wieder in unseren Alltag hineinzufinden. Wir erhöhen unser Arbeitstempo Schritt für Schritt, arbeiten am Anfang wirklich nur einen halben Tag. Im Stil der irischen Mönche versuchen wir neue Lebensformen zu erproben. In der Northumbria Community – dort leben und beten Menschen noch heute in der Tradition von Aidan und Cuthbert – haben wir erlebt, wie wohltuend es sein kann, einen Tag in kleine Einheiten einzuteilen. Dort beten die Menschen viermal am Tag, um 9, 12, 17.30 und 21.30 Uhr. Dazwischen gibt es zweimal zwei Stunden Arbeitszeit, aber auch Phasen der Stille.

Und es gibt die „Pottery Time“: Nach dem Mittagessen, wenn der Geist sowieso träge ist, geben die Mitglieder der Northumbria Community ihrer Kreativität freien Raum. Alles ist erlaubt, solange es eine kreative Tätigkeit ist. Ob nun einer in den Garten geht und Blumen setzt, etwas schreibt, malt oder tatsächlich töpfert – es ist alles recht. Zurück aus dem Sabbatjahr machen Ilona und ich genau das und zwar jeder für sich: eine „Pottery Time“. Es ist eine herrliche Erfahrung, sich nach dem Mittagessen nicht sofort wieder an den Schreibtisch begeben zu müssen, sondern sich erst einmal eine Pause gönnen zu dürfen. Ich lese oft oder gehe ein Stück spazieren. Wenn wir dann anschließend unsere Arbeit für zwei Stunden wieder aufnehmen, stellen wir erstaunt fest, dass wir sehr effektiv und konzentriert so viel bewältigen wie sonst in der doppelten Zeit. Wir erkennen: Unsere über das Jahr verteilten kreativen Ruheinseln sind uns definitiv zu wenig. Sie reichen nicht aus, um gesund zu leben und genügend Energie zu haben für all die Pläne, die wir umsetzen wollen. Auch innerhalb unseres Tagesablaufs brauchen wir Pausen und Unterbrechungen, wollen wir uns kreative Ruheinseln schaffen. Die „Pottery Times“ geben uns genau das, was wir bislang vermisst haben.

Dennoch: Ich brauche sehr lange, um mich wieder in meinem Alltagsleben einzufinden – trotz neuer Rituale wie der „Pottery Time“. Selbst vier Wochen nach unserer Rückkehr erlebe ich noch oft Momente, in denen ich mich frage: „Was machst du hier eigentlich?“ Es macht mich manchmal traurig, dass es so ist, aber eigentlich wundert es mich auch nicht wirklich. Während unserer Sabbatjahr-Reisen – auf dem Schiff und zu den Mönchen – hinterfragte ich ständig alles. Meine Stimmung, meine Vergangenheit, meine Pläne für die Zukunft – alles befand sich immer wieder auf dem Prüfstand, fast automatisch. Jetzt, zurück im Alltag, irritiert es mich fast, dass ich nicht aufhören kann, alles infrage zu stellen. Aber auf einmal merke ich: Genau das ist es, was ich wollte! Ich wollte doch nicht wieder in dieser ewigen Tretmühle aus Gewohnheit und Bequemlichkeit sitzen, wollte doch nicht unreflektiert weiter und weiter und weiter arbeiten, bis ich mit einem Burn-out oder einer Depression in die Knie gehe. Ich wollte bewusster mit mir und meinen Bedürfnissen, meinen Grenzen umgehen. Und genau das tut man doch, wenn man sich hinsetzt und fragt: „Was mache ich hier eigentlich? Was hat sich geändert? Befinde ich mich noch auf der richtigen Spur?“

Lebenszeit ist wertvoll

Und so stelle ich einen Monat nach der Rückkehr aus dem Sabbatjahr fest, dass ich wahrhaftig einen neuen Weg eingeschlagen habe. Das Hinterfragen, das Reflektieren, das Anhalten, auch im Alltag, hat bei mir Einzug gehalten. Es kostet Kraft, das zu tun, keine Frage.

Denn aus irgendwelchen Gründen ist es immer noch leichter, seinen gewohnten Trott beizubehalten und sich wieder in das Hamsterrad des Alltags zu setzen, als ganz bewusst gegenzusteuern und etwas in seinem eigenen Leben aktiv zu verändern. Die Hirnforschung hat dieses Phänomen untersucht und etwas Erstaunliches herausgefunden: Wenn ein Mensch eine Gewohnheit ändern will, dann braucht er dafür umso länger, je älter er wird. Um genau zu sein: die Hälfte seiner Lebensjahre in Monaten. Ich bin jetzt 48. Um eine alte Angewohnheit dauerhaft zu verändern, brauche ich also 24 Monate. Zwei ganze Jahre! Aus meiner eigenen Erfahrung weiß ich: Bis Menschen sich ändern, dauert es tatsächlich lange. Es geht nicht von heute auf morgen und erst recht nicht ohne den entsprechenden Druck. Viele brauchen einen Auslöser für eine Veränderung und zwar einen starken Auslöser: eine wie auch immer geartete Krise – so wie es auch bei mir gewesen ist. Ohne Handlungsdruck geht es nicht. In dieser Hinsicht ist unser Leben wie ein Hollywood-Drehbuch. Zu einem guten Drehbuch gehört es, dass im Verlauf der Handlung Druck auf den Helden ausgeübt wird. Der Held reagiert dann auf diesen Druck und löst ihn auf.

Auch ich bin als Held meines Lebens, meiner eigenen Geschichte, unter Druck geraten und habe ihn aufgelöst. Genau aus diesem Grund sind Helden schließlich Helden: Weil sie etwas tun. Wir alle können etwas tun. Jeder Mensch kann der Held seiner eigenen Geschichte bleiben. Denn jeder bestimmt selbst, wo es langgeht. Jeder schreibt das Drehbuch seines Lebens selbst. Und das meine ich nicht nur im übertragenen, sondern auch im wörtlichen Sinn: Ich schreibe auf, was ich ändern möchte. Ich halte meine Pläne und Vorhaben fest. Ich entwerfe mein Leben und schreibe auf, wie es in einem Jahr aussehen soll, in fünf Jahren, in zehn Jahren. Ich stelle die Weichen. Schließlich habe ich es selbst in der Hand, wie ich mein Leben und meine Lebenszeit gestalte.

Denn diese Lebenszeit ist begrenzt und deshalb so unendlich wertvoll. Kein Mensch weiß, wie viel Sand sich in seiner Lebensuhr befindet. Es ist so wichtig, wertschätzend mit jedem einzelnen Sandkorn umzugehen – bewusst innezuhalten und darüber nachzudenken, wie man seine wertvolle Zeit verbringt. Ich überlege oft, wie ich meine wertvolle Zeit verbringe, worin oder für wen ich sie investieren will. In Beziehungen und Menschen? In meine Partnerschaft? In meine Eltern? Freundschaften? Diese Entscheidung muss man treffen, jeden Tag, jede Woche, jeden Monat, jedes Jahr.

„Ich habe keine Zeit!" – das ist eine Ausrede von Menschen, die ihre Zeit nicht klug genug planen. Ich bin der festen Überzeugung: Wir haben alle genug Zeit und wir setzen unsere Prioritäten, was mit dieser Zeit geschehen soll. Um es mal etwas überspitzt auf den Punkt zu bringen: Man kann seine Zeit damit verbringen, irgendwelche Filme im Fernsehen anzuschauen, oder man kann sie damit verbringen, seine Freunde anzurufen und sich mit ihnen auszutauschen. Ich persönlich habe meine Nachrichtenzeit reduziert. Ich muss nicht mehr alle wichtigen Nachrichtensendungen im Fernsehen oder im Internet verfolgen. Ich lese zwei der großen Wochenmagazine, sie versorgen mich bestens mit allen wichtigen Informationen, die obendrein nicht der Hektik und manchmal Panik des Tagesgeschäfts unterliegen und mir deshalb mehr Ruhe und Gelassenheit vermitteln. Noch etwas ist mir wichtig bei meiner Zeitplanung: eine gute Kombination aus verplanter und nicht verplanter Zeit zu haben. So sind auch kurzfristige Treffen mit Freunden und Familie möglich, oder auch ein spontaner Ausflug mit Ilona an irgendeinen schönen Ort.

Sein Leben zu ändern, ist nicht leicht und schon gar nicht von heute auf morgen in die Tat umzusetzen. Aber es ist wie mit einer langen Reise auch: Sie beginnt mit einem ersten Schritt. Es gibt einen ersten Schritt, den jeder gehen kann, einen ersten Weg. Es ist der „Weg der liebenden Aufmerksamkeit". Ich habe ihn vor etlichen Jahren bei einem Besuch in einem schottischen Kloster kennengelernt: Ich gehe einfach eine halbe Stunde spazieren. Dazu wähle ich eine Strecke, die ich bereits kenne, die ich gerne gehe, ganz egal, ob in der Stadt oder auf dem Land. Ich gehe diesen Weg mit allen Sinnen. Ich achte auf das, was ich sehe und höre. Ich beobachte die kleinen Dinge am Wegesrand, achte auf die Pflanzen, die ich sehe, auf die Menschen, die mir begegnen, auf eine alte Inschrift an einem Haus, die mir bis dahin noch nie aufgefallen ist, auf eine alte Trockensteinmauer mit all den Pflanzen und Tieren, die auf ihr leben. Aufmerksam schaue ich mir alles an, was mir begegnet. Dieser „Weg der liebenden Aufmerksamkeit" schärft meine Sinne. Er macht mich wieder frisch für das, was danach auf mich wartet. Er gibt mir Ruhe. Und er gibt mir Klarheit für meinen weiteren Weg. Dieser Weg ist der erste Schritt zur Veränderung, er ist der erste Schritt in ein neues Leben.

Den Alltag gestalten

Wenn wir nach der Reise wieder daheim ankommen, so geht es nicht darum, im alten Trott weiterzumachen. Das Neue, das wir im fremden Land kennengelernt haben, gilt es, in unser Leben zu integrieren. Die Mönche Irlands haben ihr Leben nach der Regel des heiligen Benedikt gelebt. Sie hatten eine klare Tagesordnung und heilende Rituale, mit denen sie ihren Alltag gestalteten. Wir können die Mönche nicht einfach kopieren, aber wir müssen in unserem Alltag eine Antwort geben auf die Fragen, die sie uns in der Begegnung mit ihrem Leben gestellt haben. Wenn wir einfach nur in den Alltag zurückkehren, ohne dass sich in uns und in unserem Leben etwas verwandelt, war die Reise umsonst. Jede Reise nach außen ist immer auch eine Reise nach innen. Sie öffnet uns Türen für unser eigenes Inneres. Und diese Türen sollen wir nach unserer Heimkehr nicht wieder schließen.

Die Begegnung mit den irischen Mönchen bringt uns mit der eigenen Sehnsucht nach Gott und nach einem gotterfüllten Leben in Berührung. Diese Sehnsucht braucht konkrete Zeichen, damit wir uns ihrer immer wieder bewusst werden. Solche konkreten Zeichen können Rituale sein. Von den irischen Mönchen ging ein großer Segen aus für das ganze Land. Um ihrem Vorbild nachzugehen besteht die Möglichkeit, den Tag mit einem Segensritual zu beginnen und den Segen zu den Menschen hinauszusenden, mit denen ich lebe, zu meiner Familie, zu den Kollegen in meiner Firma, zu den Menschen in meinem Land. Die irischen Mönche liebten den Segen. Sie haben wunderbare Segensgebete verfasst, in denen sie den Segen Gottes in und durch die Natur in Bildern zum Ausdruck gebracht haben. Auf diese Weise wollen sie uns dazu einladen, dass wir selbst zum Segen werden für die Menschen, mit denen wir leben. Wir werden zum Segen, wenn wir die Menschen segnen. Aber wir werden auch zum Segen, wenn wir unsere ureigenste Lebensspur in diese Welt eingraben. Wir haben den Mönchen nachgespürt. Sie haben uns in Berührung gebracht mit unserer eigenen Spur, die wir in dieser Welt hinterlassen möchten. Und es ist den Mönchen ein Anliegen, uns immer wieder an diese Spur zu erinnern, die wir jeden Tag in diese Welt eingraben und durch die diese Welt ein wenig heller, wärmer und menschlicher wird.

Die irischen Mönche haben mit ihren Klöstern Inseln der Stille geschaffen. Sie laden uns ein, mitten in unserem Alltag solche Inseln der Stille zu wahren. Wir können uns eine stille Zeit am Morgen reservieren, in der wir Bibel lesen. Wir können einen Raum der Stille schaffen, wenn wir im Wald spazieren gehen. Und wir können mitten im Trubel des Alltags mit dem inneren Raum der Stille in Berührung kommen, der bereits in uns existiert, von dem wir aber oft genug abgeschnitten sind. Allein die Erinnerung, dass unterhalb all meiner Gedanken und Gefühle ein Ort der Stille ist, bringt Ruhe in meinen Alltag. Es gibt einen Raum in mir, zu dem die Sorgen und Probleme keinen Zutritt haben, in dem ich allein bin mit meinem Gott. Dort bin ich ganz ich selbst. Dort bin ich ursprünglich und authentisch. Dort haben die Menschen keine Macht über mich.

Die Mönche haben die Tugend der Freundschaft gepflegt. In einer Freundschaft zu einem Menschen haben sie etwas gespürt von der Freundschaft, die Gott mit uns geschlossen hat, und von der Freundschaft, die Christus uns angeboten hat. Wenn wir wie Maria bei ihrem Besuch bei Elisabeth wirklich im Haus des andern ankommen und mit ihm eins werden, dann verwandelt das unser Leben. Die Erfahrung der Freundschaft verfliegt nicht, wenn wir wieder über das Gebirge in unser vertrautes Haus zurückkehren. Die Freundschaft überwindet die Entfernung der Länder. Sie schafft Beziehung über die Grenzen der Völker hinweg. Solche Freundschaften bereichern unser Leben. Sie halten die Erfahrungen, die wir im Land unserer Reise gemacht haben, in uns lebendig. Die Freundschaft bringt uns mit unserem wahren Selbst in Berührung. Nach einem Wort des heiligen Augustinus lässt uns die Freundschaft alles in unserem Leben freundlich erscheinen.

Jede Reise in ein fernes Land sollte eine Reise zum Leben sein. Wer nur viel erleben will, der hat den Sinn des Lebens nicht erfasst. Das Erleben will uns zum Leben führen. Die Begegnungen und Erfahrungen einer Reise wollen uns zu uns selbst führen. Jede Reise in die Ferne führt letztlich in das eigene Herz zurück. Wir fahren nach außen, um innen neue Seiten in uns zu entdecken. So wünsche ich Ihnen, dass Sie die Reise zu den irischen Mönchen als Bild nehmen für jede Reise, die Sie in Ihrem Leben auf sich nehmen. Lassen Sie sich ein auf die Menschen im fremden Land, dann werden Sie Ihre eigene Entfremdung überwinden. Sie werden sich selbst finden. Und das, was tot war, wird wieder lebendig. Das ist Grund genug für das Fest des Lebens: „Jetzt müssen wir uns doch freuen und ein Fest feiern; denn dein Bruder war tot und lebt wieder; er war verloren und ist wieder gefunden worden." (Lukas 15,32)

Anselm Grün

Immer noch auf der Reise zum Leben

Meine Reise zum Leben: Sie begann in einem Moment, in dem mir – trotz aller Achtsamkeit und Umsicht – etwas Essenzielles abhandengekommen war: die Fähigkeit, mich auch in anstrengenden Phasen des Lebens von den Belastungen des Alltags abzugrenzen, mich innerlich zu nähren und Kraft zu schöpfen für jeden einzelnen Moment. Und diese Reise ist deswegen eine Reise zum Leben geworden, weil sie mir nicht nur den Blick, sondern auch das Herz geöffnet hat für das, was mir wirklich wichtig ist: jeden Tag als Gottesgeschenk zu nehmen und zu würdigen, meinen Glauben im Alltag zu leben, enger zusammenzurücken mit anderen Gläubigen und zu innerem Frieden und Ruhe zu finden.

Seit meiner Rückkehr hat sich viel geändert – die Begegnung mit den Wurzeln des keltischen Christentums hat unserem Alltag eine ganz neue Prägung verliehen. Jenseits unseres ohnehin schon praktizierten Wechsels zwischen Phasen der Aktivität und Phasen der Ruhe gelingt es uns nun, an jedem einzelnen Tag Inseln der Ruhe und der Einkehr zu schaffen. Diese Inseln sind Momente des Innehaltens, kleine besondere Rituale.

In unserem Esszimmer gibt es ein sehr schönes altes Möbelstück, ein großes Buffet, an dem ich sehr hänge und das mit vielen Erinnerungen verknüpft ist. An diesem Buffet zünden Ilona und ich morgens vor Arbeitsbeginn eine Kerze an und beten gemeinsam die alten Gebete der irischen Mönche, um uns der Gegenwart Gottes bewusst zu werden.

Auch an stressigen Tagen praktizieren Ilona und ich vor dem Schlafengehen hin und wieder ein Abendritual und zünden eine Kerze an, die in einem schlichten Kerzenständer auf diesem

Buffet steht. Wir legen jeder eine Hand auf das Buffet und legen dort schweigend die Dinge ab, die wir nicht mit in die Nacht nehmen wollen – das können negative Gedanken sein, Stress, Erinnerungen an Auseinandersetzungen oder Konflikte, die sich während des zurückliegenden Tages vielleicht ereignet haben. Dann formen wir die Hand zu einer Faust – und schließen in dieser Faust alles ein, was gut war an diesem Tag: schöne Erlebnisse, eine besondere Begegnung mit einem anderen Menschen, ein erfolgreicher Geschäftsabschluss, einfach alles, was uns so kostbar und gut erscheint, dass wir es bewahren und mitnehmen möchten. Schließlich bedanken wir uns bei unserem himmlischen Vater für die positiven Erfahrungen des Tages und sprechen zusammen ein Nachtgebet.

Diese Rituale sind nur ein Teil unseres neugestalteten Alltags – wir nehmen uns gelegentlich auch mittags eine kleine spirituelle Pause, um in einem Buch einen kurzen Abschnitt zu lesen oder ein Lied zu hören. Diese Pausen mit Gott sind es, die uns nähren und Energie für den restlichen Tag schenken. Oft beten wir gemeinsam die alten Gebete von Columcille, Aidan und Cuthbert, die wir auf unserer Reise kennengelernt haben. Wir beten aber auch für Menschen, die uns nahe stehen: unsere Familien, Freunde oder Mitarbeiter.

Und nicht zuletzt sind die „Rivendell-Gefährten“ zu einem wichtigen Eckpfeiler unseres Lebens geworden. Inspiriert von dem Film „Herr der Ringe“ und getrieben von der Sehnsucht nach einer engen Gemeinschaft mit anderen Menschen, die ihren Glauben jeden Tag leben und in einem persönlichen Dialog mit Gott stehen wollen, treffen Ilona und ich uns regelmäßig mit zwei anderen Familien. Diese Treffen sind unser „Rivendell“ – jener paradiesische Ort, jenes Tal des Friedens, in dem wir sicher und geschützt sind, in dem wir rückhaltlos mit unseren Gefährten reden können, uns offenbaren können, mit allem, was wir tragen. Wir reden bei unseren Treffen über das, was uns wichtig ist, was uns zugestoßen ist, was uns beschäftigt, bewegt und belastet. Wir alle sind füreinander da, jeder bekommt Zeit, sein Herz auszuschütten, während die anderen Gefährten zuhören und Rückmeldung geben. Und die Gefährten beten füreinander: Sie nehmen jeweils einen aus ihrem Kreis in ihre Mitte und sprechen den Segen über ihm aus – so wie es die irischen Mönche auch für ihre Brüder getan haben.

Die Rivendell-Gefährten sind für uns das geworden, was wir uns immer gewünscht haben: ein Ort, an dem wir unseren Glauben ganzheitlich praktizieren können, ohne vorgegebene Muster und inhaltslos gewordene Rituale. Wenn wir mit den Gefährten zusammen sind, fühlen wir uns mit den Christen auf Iona und in Northumbria verbunden. Es ist der Geist, der gläubige Christen auf der ganzen Welt miteinander verbindet, ganz unabhängig von Zeit und Raum.

Meine Reise zum Leben begann in einem schrecklichen Moment, mitten in einer Krise, sie führte mich aus dieser Krise wieder hinaus, hin zu mehr Frieden, Stabilität, Kraft, Stille – und sie ist noch lange nicht zu Ende, das fühle ich sehr deutlich. Ich bin gespannt und freue mich auf das, was da noch kommen mag.

Herr meines Herzens, auf dich will ich blicken.
Nichts anderes soll mir wichtig sein,
rette mich, denn das ist deine Art.
An dich denke ich, am Tag und in der Nacht,
ob ich wache oder schlafe, deine Gegenwart ist mein Licht.
Sei du meine Weisheit, das wahre Wort für mich.
Ich will immer mit dir sein, und du bist immer mit mir, Herr.
Du bist mein großer Vater, und ich dein wahres Kind,
du wohnst in mir, und ich bin mir dir eins.

Irische Hymne aus dem 8. Jahrhundert

IRLAND

CATHEDRAL OF ST. PATRICK
Patrick St., Dublin 8, 21-50 Patricks Close, Dublin
http://www.stpatrickscathedral.ie

CRUX VOCAL ENSEMBLE
The Deanery, Upper Kevin Street, Dublin
http://www.cruxvocalensemble.com

CLIONA DORIS (Harfe)
http://www.clionadoris.com

TRINITY COLLEGE (The book of Kells)
College Street, Dublin
http://www.bookofkells.ie/

HILL OF SLANE (Patrick)
http://www.slane.com/hillofslane.htm

BRIGIDS CATHEDRAL
Kildare. Newbridge, County Kildare
http://kildare.ie/Local-History/kildare/kildare-cathedral.htm

GLENDALOUGH (Kevin)
Bray Co. Wicklow
http://www.glendalough.ie/

ROCK OF CASHEL (Patrick)
Cashel, Co. Tipperary
http://www.cashel.ie/attractions/rock.htm

GALLARUS ORATORY
Dingle Peninsula, County Kerry
http://www.sacred-destinations.com/ireland/gallarus-oratory

CLONMACNOISE
County Offaly
http://www.heritageireland.ie/de/midlandseastcoast/Clonmacnoise/

SCHOTTLAND

IONA ABBEY (Iona Community)
Isle of Iona, Argyll PA76 6SN.†
http://www.iona.org.uk/

MELROSE ABBEY (Cuthbert)
http://www.historic-scotland.gov.uk/

ENGLAND

NORTHUMBRIA COMMUNITY
Nether Springs, Chatton, Northumberland
http://www.northumbriacommunity.org

HOLY ISLAND OF LINDISFARNE (Aidan, Cuthbert)
http://www.lindisfarne.org.uk/index.htm

LINDISFARNE SCRIPTORIUM (Mary Fleeson)
Farne House, Marygate,
Holy Island of Lindisfarne, Berwick upon Tweed
http://lindisfarne-scriptorium.co.uk/

COMMUNITY OF AIDAN AND HILDA
The Open Gate
Marygate
Holy Island
of Lindisfarne, Berwick-upon-Tweed
http://www.aidanandhilda.org

ST AIDANS CHURCH
Radcliffe Rd, Bamburgh
http://www.bamburgh.org.uk/

DURHAM CATHEDRAL (Cuthbert)
The College, Durham, DH1 3EQ
http://www.durhamcathedral.co.uk/

Aberdeen
Iona
(Iona Abbey)
ATLANTIC OCEAN
Dundee
Edinburgh
Glasgow
Nether Springs
Holy Island of Lindisfarne
Melrose
(Melrose Abbey)
Bamburgh (St. Aidans Church)
Chatton
Northumbria Community
Northumberland
Belfast
Newcastle
Durham
(Durham Cathedral)
NORTH SEA
Slane
(Hill of Slane)
Clonmacnoise
IRISH SEA
Preston
Leeds
Hull
DUBLIN
(St. Patricks Cathedral)
Liverpool
Manchester
Dingle
(Galorus)
Kildare
(Brgid)
Glendalough
(Kevin)
Sheffield
Cashel
(Rock of Cashel)
Birmingham
Leicester
Norwich
Northampton
Ipswich
Cardiff
Bristol
CELTIC SEA
LONDON
Southampton
Brighton
Plymouth
ENGLISH CHANNEL

Rainer Wälde ist Berater und Trainer, TV-Moderator und Buchautor. Unter anderem war er für NBC Super Channel, das niederländische Fernsehen EO, den MDR und RTL tätig. Laut FOCUS zählt er zu den Erfolgsmachern 2009 und gehört zu den 100 Top-Rednern in Deutschland von Speakers Excellence. Seine Fernsehserie „In 115 Tagen um die Welt" wurde mit dem World Media Award ausgezeichnet. *www.rainerwaelde.de*

Foto: © Vier-Türme-Verlag

Anselm Grün, Jahrgang 1945, ist Benediktinermönch der Abtei Münsterschwarzach. Seit 1977 ist er für die Verwaltung des Klosters zuständig. Als Kursleiter und geistlicher Begleiter ist er für viele Menschen unterwegs. Mit zahlreichen Veröffentlichungen und Vorträgen erreicht er Millionen von Menschen. *www.anselm-gruen.de*

Die Reise geht weiter … drei Empfehlungen auf den Weg …

Sehnsuchtsbilder … Ein schönes kleines Geschenk ist das farbige, aufgefaltet fast einen Meter breite Leporello mit Fotos von Andreas Lehmann aus Irland und Schottland und Auszügen aus den Texten von Pater Anselm Grün aus diesem Buch. Zum Aufstellen auf Schreibtisch oder Fensterbank – eine Einladung zum Träumen.

Anselm Grün: Auf dem Weg. Sein. Leporello
24 Seiten · 8,0 x 12,0 cm, offen 96 cm breit
Best.-Nr. 557 4201
adeo Verlag

Kostbarkeit … Keltische Mönche brachten den christlichen Glauben vor vielen Jahrhunderten nach Europa, ihre Texte und Gebete haben die Zeiten überdauert und ihr geistiges Erbe wird weiter bewahrt. Das kleine, schön gestaltete Buch vereint die faszinierenden Gebete der Iona und Northumbria Communitys. Gebete voller Klarheit und Kraft für jeden Tag der Woche, verschiedene Tageszeiten und unterschiedliche Gelegenheiten.
Ein aufgelegtes Kreuz nach keltischem Vorbild macht das Buch zu einem kostbaren Schmuckstück.

Irisches Gebetbuch
Gebunden · 7,5 x 11,8 cm
Aufgelegtes Metallkreuz
192 Seiten
ISBN 978-3-942208-13-0
adeo Verlag

Rainer Wälde

Meine Reise zum Leben